H.C. ANDERSENS DANMARK

HANS CHRISTIAN ANDERSEN'S DENMARK

H.C. ANDERSENS DANMARK / HANS CHRISTIAN ANDERSEN'S DENMARK
COPYRIGHT: RHODOS / PREBEN EIDER 1996
PHOTOGRAPHED BY PREBEN EIDER
TRANSLATED INTO ENGLISH BY MARK HEBSGAARD

To Josephine

ISBN: 87 7245 588 8
TRYKT PÅ 150 GR. EUROMASTER FRA MICHAELIS PAPIR
PRODUKTION: FINE ART PRODUCTIONS

H.C. ANDERSENS DANMARK

HANS CHRISTIAN ANDERSEN'S DENMARK

Text selection and photographs by
PREBEN EIDER

RHODOS
INTERNATIONAL SCIENCE AND ART PUBLISHERS

HANS CHRISTIAN ANDERSEN'S DENMARK
− A Poet and his Inspiration

Hans Christian Andersen was only 14 years of age when he left his native Odense for Copenhagen by mail coach. In his Autobiography he writes: "Travelling meant everything to me, for my soul and spirit has ever longed for the travelling life." And Hans Christian Andersen did indeed travel widely for a substantial part of his life. He journeyed extensively through Europe: Germany, England, Italy, Greece, Spain, Portugal − he even reached as far as Constantinople − but he did not neglect Denmark.

Hans Christian Andersen has travelled through most of our country, usually in connection with visiting friends and acquaintances. Everything had his keen interest, and he knew as only few do how to make use of his eyes and describe what he saw vividly.

He was a welcome guest at many of our splendid manor houses, where he found inspiration and ideas for many of his stories and fairy tales. For several of his novels and poems Andersen also drew upon places and occurrences encountered in Danish surroundings. His diaries, often utilized as "raw material", as well as a vast collection of letters bear witness to the numerous impressions he gathered on travels around the country.

Together, the poet's impressions form a mosaic, a "Hans Christian Andersen's Denmark", a description of our country's variegated nature, landscapes and historical buildings.

With these descriptions as a point of departure, I have travelled round Denmark in "the writer's footsteps", attempting in color photographs to illustrate the Denmark characterized by Andersen a century and a half ago.

Every word of the accompanying texts is Andersen's own, and I find that his descriptions have proven surprisingly suited to the pictures that it has still been possible to take in modern day Denmark.

Preben Eider

H.C. ANDERSEN
– En digter og hans inspiration

Allerede som 14-årig drog H.C. Andersen med postillonen fra fødebyen Odense til København. I sin "Levnedsbog", skriver han: "Det at reise var mig alt eet, thi min hele Sjæl og Tanke har altid higet efter Reiselivet". Og H.C. Andersen var på rejse en meget stor del af sit liv. Ud i Europa gik det på lange ture, til Tyskland, England, Italien, Spanien og Portugal, helt til Konstantinopel kom han; men Danmark blev ikke forsømt.

H.C. Andersen har gennemrejst det meste af vort land, oftest i forbindelse med besøg hos venner og bekendte. Han var interesseret i alt, forstod som få at bruge sine øjne og livfuldt at beskrive, hvad han så.

Han var en velkommen gæst på mange af vore skønne herregårde, her fandt han inspiration og ideer til mange af sine historier og eventyr. Også til flere af sine romaner og digte har H.C. Andersen hentet lokaliteter og handlinger fra danske miljøer. Hans dagbøger, i vidt omfang hans "råmateriale", samt en omfattende brevsamling giver ligeledes glimt på glimt af hans mange indtryk fra rejserne rundt om i landet.

Samler man denne mosaik af digterens indtryk får man et "H.C. Andersens Danmark", en beskrivelse af vort lands vekslende natur, landskabsformer og historiske bygninger.

Med udgangspunkt i disse beskrivelser har jeg rejst rundt i Danmark "i digterens fodspor" og forsøgt med mine farvefotografier at illustrere det Danmark, H.C. Andersen har karakteriseret for 100-150 år siden.

Hvert ord i billedteksterne er H.C. Andersens, og hans skildringer har vist sig i forbløffende grad at passe til de billeder, det endnu har været muligt at tage i vore dages Danmark.

Preben Eider

Kronborg Slot

"Der er i Danmark et gammelt Slot, som hedder Kronborg, det ligger lige ud i Øresund, hvor de store Skibe hver Dag seiler forbi i hundredvis, baade engelske og preussiske;"

"Holger Danske"

Kronborg, "Hamlet's Castle"

In Denmark you will find an old castle by the name of Kronborg, right by the Sound, where the great ships pass by every day by the hundreds, both English, Russian and Prussian ones – – –

"Ogier the Dane"

Kronborg, Kanonsalut

– – – og skibene hilser med Kanoner for det gamle Slot: "Bum!" og Slottet svarer igen med Kanoner: "Bum!" for saaledes siger Kano-nerne "Goddag!" "mange Tak!"

"Holger Danske"

Kronborg Castle, Salute

– – – and the ships greet old castle with resounding cannons: "Boom!" and the castle replies with cannons: "Boom!" for this is how the cannons say "Hello!", "Thank you very much!"

"Ogier the Dane"

Kronborg, Riddersalen

"Vi gik nu op paaVærelserne her vare en Deel Malerier, – – –"

Dagbog 26. Juli 1864

Kronborg, The Great Hall

Presently, we went up to the rooms where there were a number of paintings.

Diary July 26, 1864

Kronborg, Holger Danske

– – – Holger Danske sidder i den dystre mørke Kælder, hvor ingen kommer, han er klædt i Jern og Staal og støtter sit Hoved paa de stærke Arme; hans lange Skæg hænger ud over Marmorbordet, hvori det er vokset fast, han sover og drømmer, men i Drømmene seer han alt, hvad der sker heroppe i Danmark.

"Holger Danske"

Ogier the Dane

Ogier the Dane is seated in the somber vault where no one comes, clad in iron and steel, his head resting on the strong arms; his long beard hanging out over the marble table which it has grown into, he sleeps and dreams, but in his dreams he sees everything that is going on up here in Denmark.

"Ogier the Dane"

Kronborg, Bro og Voldgrav

"Mødte Kommandanten paa Kronborg, – – – fulgte med ham at see Festningsverkerne og Kronborg."

Dagbog 17. Juli 1837

Kronborg, Bridge and Moat

Met the Commander at Kronborg – – – went with him to see the fortifications and Kronborg itself.

Diary July 17, 1837

Latinskolen i Helsingør

"Naar Skoletiden var forbi, blev sædvanligvis dens Port lukket; jeg maatte blive i den lumre Skolestue og lære min Lektie, lege med Børnene eller sidde paa mit lille Kammer; ingen Mennesker kom jeg til."

"Mit eget Eventyr"

Grammar School at Elsinore

When the schoolday was over, the gates were usually shut; I had to stay in the stifling classroom and do my homework, play with the children or sit in my little room; I saw no company.

Autobiography

Helsingør, Gamle Huse

"Man afmalede mig Helsingør som et Himmerige, dog det at reise var mig alt eet, thi min hele Sjæl og Tanke har altid higet efter Reiselivet."

"Levnedsbogen"

Elsinore, Old Houses

I went along to Elsinore, one of the most beautiful spots in Denmark, right by the Sound, which is a mile wide here and appears as a swelling blue river between Denmark and Sweden.

Autobiography

Fredensborg Slotspark, Nordmandsdalen

"gik ind i Slotshaven der strækker sig til Esromsøe; – – – der er mageløse Bøge og smukke Ege, gammeldags Have Figurer og opstillede Monumenter, – – – Nordmandsdalen er en rund Plet, hvor paa Terrasser, Mand og Qvinde fra hver forskjellig Egn i Norge staa. Brudgom og Brud, Bonde og Fisker. Det var, som gik jeg i tusind og een Nat, hvor Folkene vare forstenede."

Dagbog 18. Juli 1837 og 21. Juli 1864

Park at Fredensborg Castle, "Norwegian Valley"

Entered the Castle Gardens which extend all the way to Esrom lake – – – there are incomparable beech trees and beautiful oaks, old-fashioned garden figures and monuments – – – The Norwegian Valley is a round place where terraces are decorated with men and women from different parts of Norway. Groom and Bride, Peasant and Fisherman. It was as if I were moving in the Arabian Nights with the characters around me, petrified.

Diary July 18, 1837 and July 21, 1864

Fredensborg Slot

"Deilig Egn; vi kom til Fredensborg. – – – Slottet minder noget om Tuillerierne. – – –"

Dagbog 18. Juli 1837

Fredensborg Castle

Wonderful part of the country; we arrived at Fredensborg – – – a castle somewhat reminiscent of the Tuilleries – – –

Diary July 18, 1837

Frederiksborg, Slotsgaarden

– – –jeg maatte ind i Slotsgaarden. Hvilket underligt Indtryk gjorde den gamle Bygning medTaarne ogVindebroer paa mig. Slotsgaarden gav Eccho ved hvert Skridt, og indesluttet af dens røde Mure fore- kom det mig, som om jeg var steget et Par Aarhundreder tilbage i Tiden; maaske har Christian IV, tænkte jeg, staet paa samme Sted, som du nu staaer.

"Brudstykke af en Reise fra Roeskilde til Helsingør", trykt 1. Juli 1826

Frederiksborg Castle Yard

– – – I had to enter the castle yard. What a strange impression the old building made with its towers and winding bridges. The castle yard echoed with each step, and surrounded by its red walls I felt as if I had journeyed a couple of centuries back in time; perhaps, I thought, King Christian the Fourth himself once stood on the very spot where you are now standing.

"Fragment of a trip from Roskilde to Elsinore"

Slottet fra sydøst

"Kong Frederik den Syvende opholdt sig da paa det gamle prægtige Frederiksborg i den deilige Skovnatur. Han lod mig kalde for at høre mig selv forelæse den nye Digtning. – – – Jeg saae al den Pragt og gamle Herlighed, gik i disse Sale ved Kongens Bord – – –."
"Da Taffelet var hævet, fulgte en Seiltour paa Søen rundt om Slot-tet."

"Mit Livs Eventyr"

View from the Southeast

King Frederik the Seventh at that time resided at old, magnificent Frederiksborg amidst lovely natural forest surroundings. He summoned me to hear new writing recited by myself. – – – I wit-nessed all the glory and ancient splendor, moved in these halls, sat at the King's table – – –
After we had supped, a boat trip on the lake round the castle ensued.

Autobiography

Fra Frederiksborg Slotskirke

"Kirken selv stærkt forgyldt, – – – Det er den brillanteste Kirke i Danmark, Sollyset faldt smukt ind, det var den bedste Belysning vi havde truffet, sagde Forvalteren."

Dagbog 18. Juli 1837

Frederiksborg, Castle Church

The Church itself much gilded – – – it is the most incandescent church in Denmark, with the sun's beautiful diagonal rays, we had caught the light at its best, said the overseer.

Diary July 18, 1837

Frederiksborg Slot, set fra Jægerbakken

– – –Vi gik nu om til Jægerbakken og saae paa Slottet der stod som uforandret; men for mig var det vel som om det stod uforandret i sin Heelhed, Murene skuffende de gamle, men Middelalderens, Mindernes Poesi brændte ud der. – – –

Dagbog 27. Juli 1864

Frederiksborg Castle, View From Hunter's Hill

– – – Presently, we went to Hunter's Hill and looked at the castle which seemingly stood unchanged. To me, however unchanged in its entirety, however astonishingly the walls resembled the old ones, the medieval poetic memories had burned together with the castle – – –

Diary July 27, 1864

Roskilde Domkirke, Chr. IV's Kapel

"gik – – – over i Domkirken med Domprovsten der viste os om – – – Vi saa Marstrands Billede af Chr. IV. Vi var ved Chr. IV Kiste og hos Frederik VI. Christian VII og Frederik den Syvende, "stort Selskab" lige fra Juliane Marie og Arveprindsen til Landgrevinden."

Dagbog 19. August 1864

Roskilde Cathedral, Tomb of King Christian the Fourth

went – – over to the Cathedral together with the Dean who showed us around – – – We saw Marstrand's portrait of Christian the Fourth. We inspected the tomb of the same, and saw those of Frederik the Sixth, Christian the Seventh and Frederik the Seventh as well, "a large company" all the way from Juliane Marie and the Heir Presumptive to the Grand Countess.

Diary August 19, 1864

Roskilde Domkirke

"Kongegravenes By ved Hroars Væld, det gamle Roskilde ligger for os, Kirkens slanke Taarnspir løfte sig over den lave By – – – "

"Et stykke Perlesnor"

Roskilde Cathedral

The city of the Royal Sepulchres by the ancient spring of Hroar, old Roskilde lies before us, the church's sleek spires soaring over the huddled town – – –

"A piece of Pearl String"

Fiskerkoner

"Der var Trængsel med Vogne og Bærebøre; Piger kom med Torve-
kurve, Skoledrenge med Bøger. Amagerpiger og Fiskerkoner raabte,
den ene hæsere end den anden."

"De to Baronesser"

Fish Ladies

There was a throng of wagons and barrows; girls came with baskets
for the market, schoolboys toting their books. Girls from Amager
carrying their vegetables and fish-ladies shouting, one more hoarse
than the other.

"The two Baronesses"

Børsen

– – – gjennem Børsen, for der var noget at see, Boutikker og Gange, to hele lange Gader under Tag; og udenfor laae Fartøjer, Side ved Side, alle Arter fra de smaa Pæreskuder med Æbler og Potter til de store Kulskibe.

"De to Baronesser"

The Stock Exchange

– – – through the Stock Exchange, there were sights to be seen, stores and passageways, two entire streets under one roof; and outside vessels of every kind lay anchored, from the tiny fruit tubs carrying apples and pottery to the big coal ships.

"The two Baronesses"

Rundetårn

Alle Kjøbenhavnere kjende Rundetaarn og Provindsfolkene kjende det idetmindste fra Almanaken, hvor det paa Titelbladet staaer i Træsnit. Man veed, at Kong Christian den Fjerde, – – – byggede Rundetaarn som Stjerneobservatorium. – – –

"At være eller ikke være"

The Round Tower

Every citizen of Copenhagen knew the Round Tower, and out-of-towners at least knew it from the almanac, which bears a woodcarving of it on the title page. It is common knowledge that Christian the Fourth – – – built the Round Tower as a stellar observatory. – – –

The Novel "To be or not to be"

Rundetaarn, Spiralgangen

"I Taarnet er ingen Trappe med Trin, man kommer derop af et i Spiral skraanende Muursteens Gulv, saa glat og jevnt, at Peter Czar af Rusland engang, med fire Heste for sinVogn, skal have kjørt heelt op, og da han stod der øverst, befalet en af sine Tjenere at styrte ned og denne havde adlydt, var han ikke blevet hindret af Danerkongen.

"At være eller ikke være"

The winding Ramp at the Round Tower

Inside the Tower you find no staircase, you ascend by way of a spiraling, slanted brick ramp, so smooth and even that the Czar Peter of Russia is said to have driven his four horse carriage all the way up, and, having reached the top, he is said to have ordered one of his manservants to jump down, and he would have obeyed, had not the King of the Danes interfered.

The Novel "To be or not to be"

Rosenborg Slot

"Af Søen stiger en Havfrue med tanggrønt Haar, hun spaar for Bonden: En Prins skal fødes, der bliver en Konge, mægtig og stor."
– – – Nu, blomstrer hans Navn i Sagn og i Sange, i Riddergaarde og Slotte rundt om, – – –
Børsen skød frem med Taarn og Spir; Rosenborg løftede sig, saae langt ud over Volden; – – –

"Gudfaders Billedbog"

Rosenborg Castle

Out of the ocean a mermaid appears, with hair as green as seaweed, and she predicts the future for the peasant: A Prince shall be born, who will become a King, great and mighty.
– – – Now his name flourishes in legend and song, in mansions and castles everywhere – – – Rosenborg rose so high over the ramparts – – –

"God's Picture Book"

Paa en Bænk i Kongens Have

"Jeg var flyttet ind til en Skipperenke, hvor jeg kun havde Logi og min Kaffe om Morgenen. Det var tunge, mørke Dage; Konen troede, jeg gik ud at spise hos Familier, og da sad jeg paa en Bænk i Kongens Have og spiiste et lille Brød; – – –" "og saae med Ammer og Børn paa det uskyldige Springvand"

"Mit eget Eventyr" og "Kun en Spillemand"

Fountain and Children in "Kongens Have", "The King's Garden"

I had taken a room with a skipper's widow where I only had lodgings and my morning coffee. Those were dark and cumbersome days; the old lady thought I had supper with different families; when I was, in fact, sitting on a bench in the King's Garden, eating a little bread – – – watching, together with children and their nurses, the innocent fountain.

Autobiography and "Only a Fiddler"

H.C. Andersens Statue i Kongens Have

– – – Kongen – – – overrakte mig Commandeur Korset af Danebrog, første Grad, udtalte sig saa hjerteligt og talte om al den Glæde og det Gode jeg havde udbredt over Landet og vidt om i alle Lande og da jeg fortalte om, hvorledes jeg i min første Prøvelses Tid i Kongens Have havde spiist til Middag et Stykke Hvedebrød og nu derinde skulde see min Statue blive reist, bleve Kongens Øine vaade. – – –

Dagbog 1. April 1875

Statue of Hans Christian Andersen in the "King's Garden"

The King bestowed upon me the Commander's Cross of the Order of the Dannebrog, First Class, addressed me most heartily and spoke of all the joy and good I had spread over the country, and in the wide world, and when I told of how, in the early days of my trials and tribulations I had dined on a loaf of wheat bread in the "King's Garden", and how I was now to see my statue erected there, the King's eyes moistened – – –

Diary April 1, 1875

Østergade

"Rom har sin Corso, Neapel sin Toledo – see der have vi Andersen igjen, sige de, men jeg maa alligevel blive ved – Kjøbenhavn har sin Østergade – – –"
"Et par Mennesker, i Tidsalderens Dragt, gik ham forbi. "Hvordan var det de saae ud! De kom nok fra Maskerade.""

"Lykkens Kalosker", oprindeligt Manuskript

Østergade

Rome has its Corso, Naples its Toledo – there he goes again, Andersen, they will say, but still I must continue – Copenhagen has its Østergade – – –
A couple of people, dressed in the garments of the time, passed him by. "What and appearance! They must have come from a masquerade.""

"The Galoshes of Fortune", original manuscript

Kongens Nytorv, "Hesten"

"De betraadte Landjorden. De gik over den store Plads. Her sad en Malmkonge til Hest, og udenom fire sorte Kæmpeskikkelser. Bygningerne han saae, syntes Slotte, og i Gaden de betraadte, straalede Boutikkerne, den ene prægtigere end den anden. Her var en Trængsel som til et Marked; – – –"

"Kun en Spillemand"

"The Horse" at Kongens Nytorv

They stepped onto dry land. They walked across the great square. here a metallic King was mounted on horseback, surrounded by four enormous black figures, and in the street where they walked the stores scintillated, one more splendid that the next. The crowds were bustling as if it were a marketplace – – –

"Only a Fiddler"

Nyhavn

– – – Skibet gled ind i den brede Strøm mellem Holmen og Kjøbenhavn; da dukkede Bygninger, Taarne og Broer frem, man seilede lige op af en Gade, det var Nyhavn. Høie Huse hævede sig paa begge Sider, saa mange Etager havde intet hus i Svendborg. Store og smaa skibe laae ved Siden af hinanden i den brede Kanal.– – –

"Kun en Spillemand"

Nyhavn

– – –The ship swept into the wide stream between the castle islet and Copenhagen itself; at this point buildings, towers and bridges appeared, you were sailing right up a street, that was Nyhavn. Tall houses rose on both sides, no house in Svendborg had that many stories. Large and small vessels lay side by side in the wide canal – – –

"Only a Fiddler"

Skibe indefrosne i Nyhavn

Udenfor i Kanalen laae Skibene indefrosne, forladt af hele Mandska-
bet, en skrigende Krage var da hele Besætningen; men naar Foraaret
luftede, saa blev der travlt; under Sang og Hurraraab savede man Isen
itu. Skibene blev tjærede og taklede, saa foer de til fremmede Lande;
– – – "

"Lykkens Galocher"

Icebound Ships in Nyhavn

Outside in the canal the ships lay icebound, abandoned by the
seamen, a screeching crow making up the entire crew; but when
spring was in the air, all became busy; singing and hurraying they
sawed through the ice, the ships were tarred and rigged, and they
sped to foreign lands – – –

"The Galoshes of Fortune"

Amalienborg Slotsplads

"Jeg fik mit Værelse ud til Pladsen; og jeg husker, den første Aften her gik Aladdins Ord mig gennem Tankerne, hvor han paa sit rige Slot ser ned paa Pladsen og siger: "Dernede gik jeg, som en fattig Dreng" – – –

"Mit eget Eventyr"

note: 1825 – I Juleferien var H.C. Andersen inviteret af Søkadetskolens Chef Kommandørkaptajn P.Fr. Wulff, hvis Embedsbolig var Brockdorffs Palæ paa Amalienborg.

Amalienborg Castle Square

– – – I was given a room facing the square, and I remember my first evening here, as I stood by the window looking down, how the words of Aladdin entered my thoughts, when he gazes from his splendid castle out into the square, saying: "Down there I once stood, a pauper!"

Autobiography

note: For the Christmas holidays of 1825. Hans Christian Andersen was invited to stay with the sea-cadet school Principal, Commander P. F. Wulff, whose official residence was at Amalienborg's Brockdorff Palace.

Røde Gardere

– – – rød og blaa, nok saa deilig var Uniformen – – – Den ene Soldat lignede livagtig den anden, kun een eneste var lidt forskjellig; – – –

"Den standhaftige Tinsoldat"

The Royal Guards in Red

– – – red and blue, quite lovely was the uniform – – – each soldier a remarkable likeness of the next, only a single one was a bit different – – –

"The Steadfast Tin Soldier"

Gammeltorv, Springvandet med Guldæblerne

– – – Dronningens Fødselsdag; alle Skibene i Havnen flagede, Musiken klang i Gaderne – – –
– – – stod paa en stor Plads hvor Vandet sprang i store Straaler og legede med Guldæbler; det var til Ære for denne Festens Dag. Ja, Kjøbenhavn var en prægtig By, – – –

"Kun en Spillemand"

Fountain Sporting Golden Apples, Gammeltorv

– – – the Queen's birthday; all the ships waving their flags in the harbor, music sounding in the streets – – – stood in a large square where the water splashed in great spurts playing with golden apples; all in celebration of this day of festivity. Yes, Copenhagen was indeed a marvelous city – – –

"Only a Fiddler"

Udsigt mod Vor Frelsers Kirkes Taarn

"Elisabeth fik et smukt lille Kammer ud til Gaarden, hvor der voxte Træer, og over Nabohuset løftede
sig "Vor Frelsers" høie Taarn."

"De to Baronesser"

View of the Tower of the Church of Our Savior

Elizabeth was given a beautiful small room facing a courtyard adorned with trees, the sleek tower of the Church of Our Savior
soaring over the neighboring house – – –

The Novel "The Two Baronesses"

"Vor Frelsers Kirketaarn

"Vor Frelsers høie Taarn med sit Gelænder og Vindeltrappen udenpaa, op til Billedstøtten af Frelseren, som seer hen over By og Hav."

"De to Baronesser"

View From the Tower of the Church of
Our Savior"

− − − the sleek tower of the Church of Our Savior soaring over the neighboring house, with its banister and steps winding on the outside, leading to the Statue of Our Savior surveying town and sea.

"The two Baronesses"

Fra Christianshavn

"Min Manuduktør boede paa Christianshavn, der ved en Træbro er forbundet med Kjøbenhavn; daglig gik jeg to Gange derud, og da var min Tanke kun opfyldt af mine Pensa. Paa Hjemvejen aandede jeg friere, og da gik alle slags brogede poetiske Ideer mig gjennem Hovedet – – – 1828 – – – da Examen var taget, fløj som en Bisværm de tusinde Ideer og Tanker – – – ud i Verden i min første Bog: Fodreise til Amager."

"Mit eget Eventyr"

From Christianshavn

My tutor lived at Christianshavn, a town connected to Copenhagen by a wooden bridge; I went out there twice daily, my thoughts pre-occupied with my curriculum. On the way home I breathed more freely, and then all kinds of multifarious poetical ideas flew through my head – – – 1828 – – – when the examination was passed, like a swarm of bees these thousand ideas and thoughts – – – would be unleashed on the world in my first book, "A Trip to Amager on Foot."

Autobiography

Gammel Gaslygte

"Det var netop den sidste Aften, de gamle Tranlygter vare tændte; Byen havde faaet Gas og den straalede – – –. "De skinner jo nok lidt stærkere end vi gamle, men det er ingen Sag, naar man er støbt som Gaskandelaber og har saadanne Forbindelser som de have, den ene hælder i den anden! De har Rør til alle Kanter og kan hente Kræfter i Byen og udenfor Byen! – – – Det maa I være forberedt paa. Mennesket finder nok paa en stærkere Belysning end Gas."

"Gudfaders Billedbog"

Old Gaslight

It was the very last night that the old train lanterns were to be lit; the city had been piped with gas and it shone brightly – – – "So they shine a bit brighter than us old ones, that's a small feat when you are made a gaslight and have their connections, one pouring into the other! They've got pipes everywhere and can draw their strength from within the city and from without! – – – This you must be prepared for. People will think of even stronger light than gas."

"God's Picture Book"

Skorstensfejer paa Hustag

Ikke en Skorsteen røg endnu i den store By, og det var just Skorsten-
ene jeg saae paa; fra een af dem stak der i det samme et lille Hoved op
og saa kom den halve Krop, Armene hviilte paa Skorsteens-Randen.
"Hurra"
– – – Ja, det var noget andet, end at krybe om i de snævre Rør og i
de smalle Kaminer! Luften virkede saa frisk, han kunde see ud over
den hele By til den grønne Skov; – – – Ansigtet … straalede af Lyk-
salighed, skjønt det var ganske artigt smurt til med Sod. "Nu kan hele
Byen see mig" sagde han, "og Maanen kan see mig og Solen med!
Hurra" og saa svingede han med Kosten. – – –

"Billedbog uden Billeder"

Chimney-Sweep on Rooftop

Not a single chimney was still smoking in the great city, and it was
the chimneys I was looking at; from one of them a tiny head suddenly
popped up, followed by half the body, the arms resting on the
chimney's rim.
– – – Yes, this was certainly something else than creeping about in
the narrow pipes and cramped fireplaces! The air seemed so fresh, he
could survey the entire city, all the way to the green forest – – – The
face – – – beaming with happiness, although it was quite smeared
with soot. "Now the whole town can see me!" he said, "and the
moon can see me and so can the sun! Hurray!" and then he waved
his broom – – –

"Picture Book without Pictures"

Laugsskilte

"der er hele Stræder for Skomagere og Skindere, for Krydderhandlere og Ølfolk; – – – Barberens Skilt, den store Messingtallerken, – – – der var Tobaksspinderskilte med de yndigste Smaadrenge, der røg Cigar, ligesom i det virkelige, – – – der var Skilte med Smør og Spegesild, Præstekraver og Ligkister, – – – man kunne godt gaa en hel Dag op og ned ad Gaderne og se sig mæt paa Billeder, og saa vidste man med det samme, hvilke Mennesker der boede derinde,– – –"

"Gudfaders Billedbog" og "Stormen flytter Skilt"

Signs of Different Guilds

You'll find entire streets devoted to shoemakers and leather, to spice-sellers and brewers – – – the sign of the barber, the great brass dish – – – there were tobacconist's signs depicting the loveliest little lads smoking cigars, just as in real life, there were signs with butter and herrings, priest's collars and coffins – – – you could easily spend a whole day just walking up and down the streets looking at the pictures until you'd had your fill, and then you could always tell at a glance which people lived inside – – –

"God's Picture Book" and "The Storm Moves its Sign"

Thorvaldsens Museum

"Der laae et stort Huus med mange Couleurer; det laae lige ved Slottet og Canalen, hvor der vare Skibe med Æbler og Potter. Vinduerne vare bredere forneden end foroven, og kiggede Spurvene derind, saa var hver Stue, syntes dem, ligesom de saae ned i en Tulipan, alle mulige Couleurer og Snirkler, og midt i Tulipanen stode hvide Mennesker; de vare af Marmor, nogle vare ogsaa af Gips, men det kommer ud paa Eet for Spurve-Øine. Ovenpaa Huset stod en Metalvogn med Metalheste for, og Seirens Gudinde, ogsaa af Metal, kjørte dem. Det var Thorvaldsens Museum."

"Nabofamilierne"

The Thorvaldsen Museum

There was a big, multicolored building right by the castle and canal where ships lay anchored laden with apples and pottery. The windows were wider below than above, and if the sparrows looked inside, every hall seemed to them as if they were looking down into a tulip, all kinds of colors and flourishes, and in the middle of the tulip stood some white people, they were made of marble, some were also Plaster of Paris, but that is all the same to a sparrow's eye. On top of the house stood a metal chariot, drawn by metal horses, and the Goddess of Victory, she too of metal, held the reins. That was the Thorvaldsen Museum.

"The Neighbors"

København Aar 2129

"Det kunde være interessant, blot alene saadan hvert tredie Aarhundrede at aflægge et lille Besøg paa Jorden – – – Under disse Betragtninger var jeg allerede midt i Colonnade-Gangen; uvilkaarlig hævede jeg Hovedet iveiret og saae alle Slottets Værelser oplyste; men jeg studsede slet ikke derover, jeg var saa beskjæftiget i Tanken om Fremtiden – – – Midt paa Slottets Hovedbygning var et meget høit Taarn; i Gaarden vrimlede der af Mennesker hvis Paaklædning var ganske underlig og fremmed; Kareterne meget anderledes end de sædvanlige, – – – saae – – – en stor rød Placat, Indskriften var dansk, men saa underlig forandret, at jeg maatte stave den første Linie, – Øverst læste jeg: "Aaret 2129"
"Jeg var flyttet tre hundrede Aar frem i Tiden"

"Fodreisen"

Copenhagen the Year 2129

It might be interesting only every third century or so to pay the Earth a brief visit – – – Thus thinking I was already standing in the middle of the colonnade; inevitably I raised my head and saw all the rooms of the castle brightly lit; this I found in no way remarkable since I was engulfed in thoughts of the future – – – On the middle of the castle's main building was a very tall tower; bustling in the courtyard were a multitude of people wearing strange an unfamiliar garments; the carriages were very out of the ordinary – – – saw – – – a large, red poster, the writing was in Danish, but so strangely transformed that I was forced to spell out the first line – At the top I read:
"The Year 2129"
I was transported three centuries into the future.

"A Trip to Amager on Foot"

Tivoli

"Vi havde da en ung, talentfuld Mand, begavet med et mærkværdigt Talent til, uden selv at have Midler, dog at bringe disse tilveie, naar det gjaldt om at gjennemføre en Idee, et virkeligt Genie i sin Virken, han vidste at skaffe Kjøbenhavnerne et "Tivoli", der kan maale sig med, om ikke overgaaer i Anlæg og Plan alle andre lignende Forlystelsessteder; – – – Denne Mand var Georg Carstensen!"

"Mit Livs Eventyr"

Tivoli

– – – der er nu derude en lille Jernbane, som løber rundt, – den Gang havde vi ikke den frygtelige lange til Roskilde, – – –

"Ole Lukøie", Eventyr-Comedie i tre Acter

Tivoli

At that time we had a talented young man, although himself without means, yet endowed with a remarkable talent for procuring them when it came to carrying out an idea, a true genius in his field, he knew how to create a "Tivoli" for the citizens of Copenhagen which can measure up to, if not surpass in its arrangement and plan all other similar amusement establishments – – – That man was Georg Carstensen!

Autobiography

Railway at Tivoli

– – – you will now find there a tiny railway going round and round – we did not then have the terrible long one to Roskilde – – –

"Ole Lukøie"

Tivoli

"Jeg kender en Pulcinella" sagde Maanen, "Publicum jubler, naar det seer ham; enhver Bevægelse hos ham bliver comisk, bringer Huset til at skoggerlee, – – – Den nydelige Columbine var ham venlig og god, men vilde dog helst gifte sig med Arlechino; – – –"

"Billedbog uden Billeder"

Tivoli

"I know a Pulcinella", said the Moon. "The audience raves when they see him; any move he makes becomes comical, brings down the house – – –
The lovely Columbine was friendly and nice to him, but would still prefer to marry Arlechino – – –"

"Picture Book without Pictures"

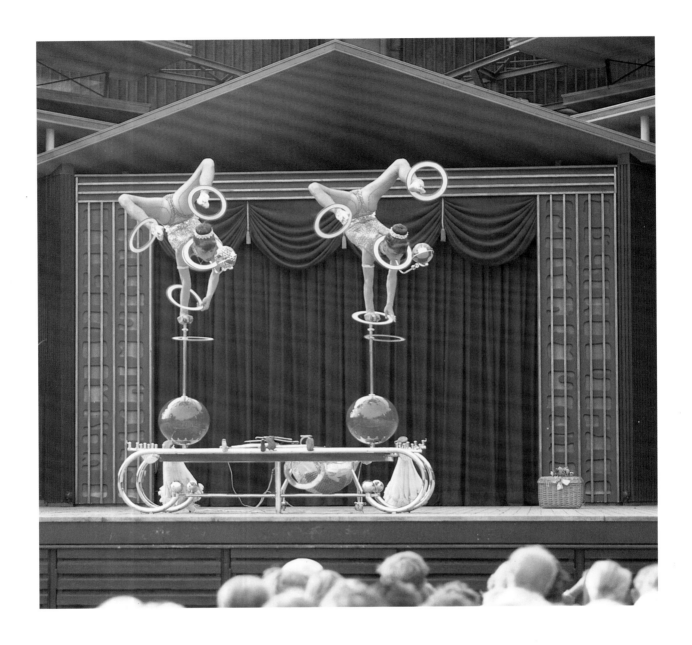

Tivoli

– – – gik ind i Tivoli, saae der Kunster, Børn der maatte vendes og dreies, jeg blev trist derved. Folk gik, uden Humeur op og ned. Jeg saae en Liniedandserinde og nogle Kraft-Mandfolk, – – –

Dagbog 31. August 1864

Tivoli

– – – went to Tivoli and regarded the trickeries performed there, children being whirled about, it saddened me. People walking up and down without gaiety. I saw a woman on a tightrope and some muscle-men, – – –

Diary August 31, 1864

Tivoli

– – – Tivoli. Kommer De ikke der? Der kan man spøge ude med Fornøielse og faae Fyrværkeri og Fut ovenikjøbet.

"Ole Lukøie"

Fireworks at Tivoli

– – –Tivoli. Don't you ever go there? It's a place to enjoy fun and games, and you get fireworks and *poof* thrown into the bargain.

Fairy Tale-Comedy in three Acts

Frue Kirkes Taarn i Sne og Sol

"Der er Vintertid, Vinden skarp som et dværgesmedet Sværd; Sneen fyger, ... og ligger som et uhyre Snebjerg over den store Stad; – – –. Alt dernede skjult og borte, kun Kirkens gyldne Kors, Troens Symbol, løfter sig over Snegraven og skinner i den blaa Luft, i det klare Solskin."

"Folkesangens Fugl"

København i Snevejr

"Til Morgen Storm og Sneefog, det er den første Snee iaar, den første Snee hele Vinteren. Vi have tre Graders Kulde."

Dagbog, 8. Februar 1874

Tower of the Church of Our Lady in Sunshine and Snow

It is winter, the wind sharp as a midget sword; the snow adrift – – – covering the great town like a vast mountain of snow – – – Everything down there hidden away, save for the golden cross of the church, symbol of faith, rising above the snowy pit, shimmering against the blue skies, in the transparent sunlight.

"The Bird of the Folk Song"

Copenhagen in the Snow

This morning a blizzard, the first snow of the year, the first snow of the entire winter. It's three degrees below zero today.

Diary February 8, 1874

Den lille Havfrue

"Hvad der just er deiligt her i Havet, din Fiskehale, finder de hæsligt deroppe paa Jorden; de forstaaer sig nu ikke bedre paa det, man maa der have to klodsede Støtter, som de kalder Been, for at være smuk!" Da sukkede den lille Havfrue og saae bedrøvet paa sin Fiskehale.

"Den lille Havfrue"

The little Mermaid

"The very thing that is so lovely down here, your fishtail, they find horrendous up there on dry land; not that they know any better, there you need two clumsy pillars, which they call legs, in order to be beautiful!"
At this the little mermaid sighed and looked sadly at her fishtail.

"The little Mermaid"

Frederiksberg Slot

"Der var i Kong Frederik VI's Tid, – – – det var smaat med Fornøielser, imod hvad det nu er. Om Søndagen gik man sig en Tour ud af Porten til Assistens Kirkegaarden, – – – eller man gik til Frederiksberg hvor der foran Slottet var Regimentsmusik og mange Mennesker for at see den kongelige Familie ro om i de smaa snævre Canaler."

"Portnøglen"

Frederiksberg Castle

It was during the reign of King Frederik the Sixth – – – There weren't many amusements, compared with today. On Sundays you'd stroll past the city gates to the Assistens Churchyard – – – or visit Frederiksberg where they played martial music in front of the castle, and many people came to watch the Royal Family rowing about in the little, narrow canals.

The Fairy Tale "The Key to the Gate"

Frederiksberg have, Efteraar

"Jeg kjørte ud til Frederiksberg, kom igjennem hele Byen – – – det var Løvfaldstid."

Dagbog 18. Oktober 1863

Frederiksberg Gardens

I drove out to Frederiksberg, passed through the whole city and walked through the garden – – – it was autumn – – –

Diary October 18, 1863

Bernstorff Slot

"Tog med Banetoget til Charlottenlund, og gik fra Stationen op til Bernstorff, jeg blev meget varm derved. Kongen modtog mig høist naadig og hjerteligt, talte om mit barnlige Sind, hvor afholdt jeg var af alle Klasser, hvad jeg havde virket for Literaturen, Dronningen kom til og ogsaa rakte mig Haanden. Nu førte Kongen mig om i Haven og brød een af Dronningens Roser til mig, han stak sin Finger til blods, – – –"

Dagbog 8. September 1869

Bernstorff Castle

Took the railway to Charlottenlund Station, whence I walked to Bernstorff, getting nice and warm in the process. The king received me most heartily and graciously, spoke of my child-like disposition, how I was cherished by all classes, my achievements in literature, the Queen appeared and extended me her hand. Presently the King led me around the garden and offered me one of the Queen's roses, thereby pricking his finger and spilling a drop of blood – – –

Diary September 8, 1869

Charlottenlund Slot

– – – Kronprindsen talte længe og hjerteligt med mig nu kom
Kronprindsessen til, hun takkede mig for Versene jeg havde sendt, –
– – Kronprindsen – – – spurgte om jeg vilde blive og spise Frokost
med dem. Ved Frokostbordet drak de unge Folk min Skaal, vi talte
om meget forskjelligt. Siden førte Kronprindsen mig gjennem Ha-
ven, men havde taget en feil Nøgle, saa han havde stor Besvær, bad
mig tilgive han skulde løbe og hente den rigtige og nu skyndte han
sig over Grønsværet – – –

Dagbog 8. September 1869

Charlottenlund Castle

The Crown Prince spoke to me long and heartily, now the Crown
Princess appeared, thanking me for the verse I had sent her – – – the
Crown Prince – – – inquired if I would care to stay with them for
lunch. At the luncheon the young people drank a toast to me, we
talked of many different things. Later the Crown Prince lead me
through the park, but had brought the wrong key with him, giving
him much trouble, he asked me to forgive his having to dash back
for the right one, hurrying across the green turf – – –

Diary September 8, 1869

Bakken, Sangerindepavillonen

– – – Et Misikchor spillede, – – – hvide Telte skinnede som Snee eller Svaner mellem de grønne Bøge, – – – her paa Brædehusene vise store, grelle Malerier, hvilke kostelige Skuespil man kan nyde derinde. Den smukke Beriderske staaer på Brædebalkonen og smælder med Pisken, medens Harlequin støder i Trompeten. – – –

"O.T."

"Dyrehavsbakken", The "Songstresses' Pavillion"

– – – Musicians were playing – – – the white tents gleaming like snow or swans between the green beech-trees – – – on the wooden buildings, large, crude paintings depict the marvellous spectacles that may be savored inside. The beautiful equestrienne stands on the wooden platform, cracking her whip, whilst harlequin sounds the trumpet – – –

The novel "O.T."

Dyrehavsbakken

− − − jeg var gaaet til Dyrehaven og havde der aldeles tabt mig i Beskuelsen af Folke-Lystigheden, som den Gang aandede her − − − Menneskevrimmel paa Bakken, Beridere, vilde Dyr, Gynger og Kunster, Vaffelboutiker med pyntelige Hollænderinder, − − − skjærende Violiner, Sang og Klang, alt dette henrev min langt mere end hele Skovnaturen.

"Mit Livs Eventyr"

"Dyrehavsbakken"

− − − I had gone out to the Deer Park and became absolutely engulfed in regarding the popular merriment the place was then alive with − − − the crowds in the amusement park, horseback riders, wild animals, swings and trickeries, waffle-stalls with decorative Dutch girls − − − discordant violins, song and clamor, all this exalted me far more than the entire forest landscape.

Autobiography

Eremitagen, Dyrehaven

"Klokken halv to kjørte vi en større Tour, hen forbi Eremitagen, gjennem Dyrehaven ved Ulvebakken, Lystighedsbakken skimtedes mellem Træerne; – – –"

Dagbog 15. Juli 1864

The Royal Hunting Castle "Eremitagen"

At half past one we went for an extensive ride, past the Royal Hunting Castle, through the Deer Park at Wolf's Hill, the amusement Park being partly visible behind the trees – – –

Diary July 15, 1864

Thorvaldsens Atelier, Nysø

"En morgen paa Nysø, han arbeidede just paa sin egen Statue, traadte jeg ind til ham i det lille Atelier, Baronesse Stampe havde ladet opføre for ham nede i Haven, tætæved den gamle Slotsgrav."

"Mit Livs Eventyr"

Thorvaldsen's studio at Nysø

One morning at Nysø while he was at work on his own statue, I visited him in the small studio the Baroness Stampe had erected for him down in the garden, near the old moat.

Autobiography

Herrregaarden Nysø

"Nu igaar" vedblev Maanen, "saae jeg ned paa en Bugt ved Sjællands Østkyst; der ere deilige Skove, høie Banker, en gammel Herregaard med røde Mure, Svaner i Voldgravene, – – –"

"Jeg opholdt mig der Sommeren 1840 hos Baron Stampe paa Nysø, der ved det Hjem, Thorvaldsen her har fundet, og ved de Værdier, han her har skabt, er blevet et mærkværdigt Sted i Danmark – – –"

"Billedbog uden Billeder" og "En Digters Bazar"

Manor House of Nysø

"Just yesterday," the moon continued, "I was looking down at a bay on the east cost of Zealand; there you'll find lovely forests, high hills, an old manor house with red walls, swans in the moats – – –" I stayed there with Baron Stampe in the summer of 1840. Nysø has become a remarkable place in Denmark what with the home Thorvaldsen has found here, and the marvelous wonders he has created – – –

"Picture Book without pictures" and "A Poet's Bazaar"

Gaasetaarnet

"Den gamle By Vordingborg – – – den var en stor, en levende By, høie Taarne kneisede paa Kongeborgen – – – Byen sank hen og Kongens Slot, det ene Taarn efter det andet, til sidst stod kun et eneste paa Banken hvor Slottet havde staaet."

"Lille Tuk"

"The Goose Tower"

The old town of Vordingborg – – – it was a great, bustling town, the King's fortress strutting with lofty towers – – – the town withered, as did the royal castle, one tower after another, finally only a single one stood on the hill where the fortress once had been.

The Fairy Tale "Little Tuk"

Gisselfeld, Ænder og Svaner

– – – forstemt, drev om i Skoven og paa Marken, følte mig mindre vel! – fik Idee til "Historie om en And", det hjalp lidt på Humeuret.

Dagbog 5. Juli 1842. "Historien om en And" fik senere navnet "Den grimme Ælling".

Børn under Skræppeblade

"Midt i Solskinnet laae der en gammel Herregaard med dybe Kanaler rundt om, og fra Muren og ned til Vandet voxte store Skræppeblade, der var saa høie, at smaa Børn kunde staae opreiste under de største; der var ligesaa vildsomt derinde, som i den tykkeste Skov, og her laae en And paa sin Rede; – –"

"Den grimme Ælling"

Gisselfeld, Ducks and Swans

– – – gloomy, wandered about through the forest and the fields, feeling less than good! – – – came up with an idea for a "Story of a Duck", which somewhat bettered my mood.

Diary July 5, 1842. "Story of a duck" was later entitled "The Ugly Duckling".

Dock leaves

– – – There in the sunshine lay an old Manor House ringed with deep canals, and from the walls down to the water grew large docks with leaves so big that a small child could stand under the greatest ones; it was sort of wild in there, like in the thick of the forest, and here lay a duck in its nest – – –

"The Ugly Duckling"

Gisselfeld

"Paa det gamle Gisselfeld, før et Kloster, midt i den dybeste Skov-Ensomhed, med Søer og Bakker, levede jeg lykkelige Dage; Ejer-inden, den gamle Grevinde Danneskiold, – – – var en kærlig fortræf-felig Dame; jeg var ikke dér et fattigt Barn af Folket, nej, en venlig modtaget Gjæst;"

"Mit eget Eventyr"

Gisselfeld

At old Gisselfeld, once a convent, located in the solitude of the deep forest, with lakes and hills, I spent some happy days; the proprietress, the old Countess Danneskiold, was a loving, magnificent lady, I wasn't considered the impoverished son of the people, no, I was an amicably received guest – – – "

Autobiography

Bregentved

– – – udstrakt ligger Bregentved, der tilhører den danske Finansminister Moltke, en af vort Lands rigeste og smukkeste Besiddelser. Den Gæstfrihed, jeg her har fundet og finder, det lykkelige Huusliv, jeg her er levet ind i, har kastet Solskin i mit Liv; – – –
– – – Haven selv er saaledes som man intet andet Sted i Landet finder den, man har her ganske Skuet af en stor engelsk Park; – – –

"Mit eget Eventyr" samt brev til Edv. Collin 24. Juli 1842.

Bregentved

– – – lies sprawling Bregentved, belonging to the Danish Minister of Finance, Moltke, one of the richest and most beautiful estates in our country. The hospitality I have found and still find here, the happy domesticity in which I have participated has cast a ray of sunshine into my life – – –
– – – the garden itself being of a kind the equal of which you will find nowhere else in the country, the perfect likeness of an English park – – –

Autobiography and a letter to Edv. Collin of July 24, 1842.

Holmegaard og Holmegaards Glasværk

"Kjørt med Prindserne og de andre Herrer til Glasværket, hvor der blæstes den ene Flaske efter den anden! Bønderdrengene løb med gloende Flasker paa Jerngafler, som var det med glødende Champagne!"

Dagbog 13. Juli 1842

"Flaskehalsen – – – huskede den flammende Smelteovn i Fabrikken, hvor den var blæst i Live; den huskede endnu, at den havde været ganske varm, set ind i den buldrende Ovn, dens Ophavshjem, og følt saadan Lyst til straks at springe ind i den igen, men at den lidt efter lidt, alt som den blev kølet af, fandt sig ret vel, hvor den var – – –"

"Flaskehalsen"

Holmegaards Glassworks

Drove with the princes and the other gentlemen to the glassworks, where they blew bottle upon bottle! Farmer boys running about with red hot bottles on iron forks as if they were champagne aglow.

Diary July 13, 1842

The bottleneck – – – remembered the blazing factory furnace where it had been blown to life; it still remembered being rather hot, and as it looked into the roaring furnace, its original home, feeling a powerful urge to jump back into it immediately, but after a while, as it cooled down, it came to feel quite comfortable where it was – – –

"The Bottleneck"

Borreby

"Der ligger ved Store Bælt en gammel Gaard med tykke, røde Mure!" siger Vinden, "jeg kender hver Sten, jeg saa den før, da den sad i Marsk Stigs Borg paa Næsset; den maatte ned! Stenen kom op igen og blev en ny Mur, en ny Gaard andetsteds, det var Borreby Gaard, som den staar endnu."

"Vinden fortæller om Valdemar Daae og hans Døtre"

Borreby

"By the Great Belt lies an old manor with thick, red walls!" says the wind, "I am familiar with each and every stone, I knew it before, when it was part of Marshal Stig's castle at the headland; it had to come down! The stone was taken up again and became part of a new wall, a new manor at another site, the manor of Borreby, still standing."

"The wind tells the story of Valdemar Daae and his daughters."

Holsteinborg

"Holsteinborg er en gammel Gaard tæt ved Fjorden mellem Sjælland og Glænø. Holsteinborg er som Bygning bedst indrettet om Vinteren; den har alle sine Gange opvarmede og belagt med Tæpper, og saa ere Væggene bedækkede med gamle Malerier."

"Mit Livs Eventyr"

– – – jeg er særdeles godt indqvarteret, det hele Slot er ganske kongeligt indrettet, Haven gaaer ned til den aabne Strand, desværre er Veiret altid ustadigt – – –

Brev 19. Maj 1836 til Henriette Collin.

Holsteinborg

Holsteinborg is an old Manor House near the inlet between Zealand and the island of Glænø. Holsteinborg is a building extremely well-appointed for the winter; all of its galleries are heated and carpeted, and the walls are covered with old paintings.

Autobiography

Holsteinborg Facing the Park

I am very well accommodated, the entire castle quite royally furnished, the garden reaching down to the open shore, the weather, unfortunately, is ever changeable – – –

Letter to Henriette Collin May 19, 1856.

Træer med Rimfrost

"Alle Træer og Buske stod med Riimfrost; det var som en heel Skov af hvide Coraller, det var som om alle Grene var overdænget af straalehvide Blomster. De uendelig mange og fine Forgreninger, dem man ikke om Sommeren kan see for de mange Blade, kom nu frem hver evige een; det var en Knipling og saa skinnende hviid, som strømmede der en hviid Glans ud fra hver Green."

– – – det var en mageløs Deilighed! og da Solen saa skinnede, nej, hvor funklede det hele, som om det var overpudret med Diamantstøv – – –

"Snemanden"

Frosted Trees

All trees and bushes were white with frost; it was like a forest made up entirely of white corals, as if every branch were heaped over with flowers of radiant white. The innumerable, fine ramifications made invisible in the summer by the many leaves can now be seen each and every one; shining white lace as if every branch had a particular white glow – – – what an incomparable loveliness! And when the sun shone, oh how it all sparkled as if powdered with diamond dust – – –

"The Snow Man", Fairy Tale

Bøgeskov, Kæmpehøj, Bautasten

"jeg – – – fremhævede det Eiendommelige i den danske Naturskjønhed; hvorledes Bøgeskovene saagodtsom i een Nat sprang ud og stod i deres friske Deilighed, de duftende Kløvermarker med Kæmpehøie, og Bautastene ved det aabne Hav."

"Mit Livs Eventyr"

Beech Forest, Burial Mound and Menhir

I – – – stressed the unique beauty of Danish Nature; how the beech forests burst their buds almost overnight appearing in all their fresh loveliness, the fragrant fields of clover with their burial mounds and great stone monuments confronting the open sea.

Autobiography

Sorø Akademi

"Deilige Sorø omkranset af Skove! din stille Klosterby har faaet Udkig mellem de mosgroede Træer; med Ungdomsblik ser den fra Akademiet ud over Søen, til Verdenslandeveien, hører Lokomotivets Drage puste, idet den flyver gennem Skoven. – – – Som en mægtig hvid Svane ved den dybe Skovsø ligger dit Lærdoms Slot – – –"

"Et Stykke Perlesnor"

Academy of Sorø

Lovely Sorø encircled by forests! Your tranquil convent town has been given a view between mossgrown trees; its youthful eyes gaze from the Academy out over the lake to the road leading to the wide world, hears the roaring dragon breath of the locomotive as it flies through the forest – – – Like a great white swan your castle of learning lies by the deep forest lake – – –

"A piece of Pearl String"

Jernbanen

"jeg havde forud en Fornemmelse, som jeg vil kalde Jernbane-Feber – – – Jeg stirrede paa disse Vogne, paa Locomotiver, løse Karrer, vandrende Skorstene og Gud veed hvad, de løb som i en Trylleverden mellem hverandre; – – – Maskinernes taktmæssige Gang og den udladte Damps Piben og Snøften forstærkede Indtrykket, og er man her, – – – for første Gang, da tænker man paa at vælte, brække Arme og Been, springe i Luften eller knuses ved at støde sammen med en anden Vognrække; men jeg troer, at det kun er første Gang, man tænker derpaa."

"En Digters Bazar"

The Railway

I has a sense of anticipation that I will dub Railway-Fever – – – I stared at these train cars, at locomotives, loose carts, moving chimneys and God knows what all mingling as in a magic world – – – the rhythmic pulse of the machines and the whistling and sniffling emmitances of steam strengthening the impression, and if you are here – – – for the first time, you think of toppling, breaking arms and legs, exploding or being crushed in a collision with another row of cars; but I believe it is only the first time you entertain such thoughts.

"A Poet's Bazaar"

Møns Klint

– – – Møns Klint, rigtignok et af de smukkeste Steder. Bøgeskoven hænger som en Krans hen over de hvide Kridtklinter, hvorfra man ser langt ud over Østersøen.

"Siden spadserede jeg under Klinten, men fandt den slet ikke saa rædsom truende, som Folk fortæller. Jeg satte mig derfor paa en Steen i Søen og stirrede derop paa de forunderlige Figurer, Klinten danner, men jeg veed ikke selv, tilsidst forekom det mig lidt betænkeligt og jeg skyndte mig tilbage."

Brev 18. Juli 1829 til Edv. Collin. Dagbog Juli 1829

The Cliffs af Møn

– – – the Cliffs of Møn, surely among the most beautiful of places. The beech trees girdling the white cliffs of chalk which afford an extensive view of the Baltic Sea.

Later I walked under the cliff, but didn't find it as terribly frightening as people say. I therefore seated myself on a stone by the shore and gazed up at the wonderful figures suggested by the forms of the cliff, but I don't know, at length this seemed to me a little questionable and I hurried back.

Letter to Edv. Collin July 18, 1829 and diary July 1829.

Liselund Slot

– – – efter nogle Timers Hvile, indtraf jeg på Lisenlund, hvor jeg hele Eftermiddagen og Aftenen besaae Klintene, men jeg var endnu for legemlig udmattet til at Aanden ret kunde nyde det store Hele; tænk bare! Jeg glemte ofte den smukke Udsigt for at spise Jordbær, hvormed hele Klinten var besaaet.

Brev 18. Juli 1829 til Edv. Collin

Castle of Liselund

– – – upon a few hours rest, I arrived at Liselund, where I spent the entire afternoon and evening inspecting the cliffs, but I was as yet too physically exhausted for my spirit to fully appreciate all this; imagine! I was often oblivious of the beautiful view, devouring instead the strawberries abounding around the cliff.

Letter to Edv. Collin. July 18, 1829.

H.C. Andersens Fødested, nu H.C. Andersen–Museet, Odense

"Naar jeg bliver stor, skal jeg bestemt besynge Odense; hvem kan vide om jeg i Grunden ikke bliver denne ædle Bys Mærkværdighed – – –"

Brev til Henriette Hanck 17. Februar 1832.

"Jeg har faaet Brev fra Odense, mine Venner der ville, i det Huus de antage for mit Fødehuus nu lade indmure en Steen hvorpaa bliver at læse at jeg er født der, det er meget venligt; men jeg synes dog det er bedst at udsætte det til efter min Død."

Brev af 15. September 1866 til Edv. Collin
Mindepladen afsløredes på H.C. A's 70 års fødselsdag, den 2. April 1875.

Hans Christian Andersen's Birthplace,
Now the Hans Christian Andersen Museum in Odense

When I grow up, I shall most certainly eulogize Odense; who knows, perhaps I'll become this noble city's foremost celebrity – – –

Letter to Henriette Hanck February 17, 1832.

I have received a letter from Odense; my friends there propose to adorn the house they take to be my birthplace with a plaque stating that I was born there, that's all very kind; though I do think it best postponed until after my death.

Letter To Edv. Collin September 15, 1866
The Memorial Plaque was revealed April 2, 1875, Hans Christian Andersen's 70th Birthday

H.C. Andersens Barndomshjem

"Nær Odense – Munkemølle,
hvor Klostret sank i Grus,
Der stod, som Du ser her i Billed,
Et lille Bindingsværkshuus."

"Mit Barndomshjem" offentliggjort 4. April 1875.

H.C. Andersens Barndomshjem, Interiør

"Een Stue, et lille Kjøkken –
og dog Alt saa stort og godt.
Der leged' jeg Juleaften,
som siden paa intet Slot."

Digt "Mit Barndomshjem"

Note: H.C. Andersen og hans mor boede her fra maj 1807 til flyttedagen 20. april 1819, da ejendommen var blevet solgt ved auktion.

Andersens's Childhood Home

Near Odense lies Munkemøllestræde
Where the convent was, and decayed.
Here stood, as you see in the picture
A little cross-beamed house.

"My Childhood Home" published April 4, 1875.

One living room, one small kitchen
And everything yet so grand and good
I played there on Christmas Eve
As ne'er again at any castle

"My Childhood Home"

Note: Hans Christian Andersen and his mother lived here from May 1807 until April 20, 1819, the property having been auctioned away.

Odense Aa

Odense Aa. Hvad er det for en Aa? Den kender hvert Barn i Odense By, den løber neden om Haverne fra Slusen til Vandmøllen hen under Træbroerne. – – – gamle, revnede Piletræer, svejede og drejede, hænger langt ud i Vandet – – –

"Klokkedybet"

The stream at Odense

The stream of Odense. What stream is that? It is known by every child in the city of Odense, running past the backyards from the sluice to the water mill under the wooden bridges – – – old chipped willow trees, swerving and turning, lurch far out over the water – – –

The Fairy Tale "The Bell"

Skt. Knuds Kirke ved Aaen

"Mellem Byens Haver og Engen med Bleg bugtede sig Aaen. Den mægtige Sankt Knuds Kirke, med sit høie Taarn, sluttede Prospectet."

"O.T."

Church of St. Canute's by the Stream

Between the gardens of the city and the meadow with clothes set out to bleach, the stream meandered. The great Church of Saint Canute's with its soaring tower completed the picture postcard – – –

The novel "O.T."

Odense Slot, fra Parken

– – – seet hele Slottet, der er elegant og hyggeligt. Haven med de tilgrænsende Marker og Skove saae ud som en stor Park.

Dagbog 16. Juli 1841

Odense Castle, View from the Park

– – – have seen the entire castle, it's elegant and cosy. The garden with adjoining fields and forests seemed like one big park.

Diary July 16, 1841.

Odense Slot, Slotsgaarden

"Min Moder var imidlertid kommen til at gaae paa Slottet, herved kom jeg ogsaa derind, legede imellem i den store Gaard med Prinds Frits, der da var et Barn."

"Levnedsbog"

Odense Castle Yard

My mother had since been permitted into the castle, enabling me to enter also, and sometimes I played in the spacious yard with Prince Frits, who was then a child.

Autobiography

Lykkesholm, Interiør

"Paa Lykkesholm blev jeg hele tre Uger, men De maa ogsaa betænke, man lever der meget godt, har store Sale at gaae i, og jeg føler mig først ret vel i store Værelser, – – –"

Brev 19. Juli 1836 til Henriette Wulff.

Lykkesholm, Interior

I remained at Lykkesholm for a full three weeks, but you must also consider that life is very comfortable there, you can wander in great spacious rooms, and I am never quite at ease except in large accommodations.

Letter to Henriette Wullf July 19, 1836.

Lykkesholm

"Det er Kai Lykkes Stamhuus jeg er paa. Den ene Fløi er ganske antik endnu, med dybe Voldgrave, hvælvede Lofter og vævede Tapeter."
– – – desuden er Haven særdeles smuk, riig paa Roser og Levkoyer, en betydelig, en betydelig Indsøe deler den fra Skoven, – – –

Brev 5. Juli 1835 til Edv. Collin og 19. Juli 1836 til Henriette Wulff.

"Lykkesholm"

I am at Kai Lykkes's entailed estate. One wing is still very antique with deep moats, vaulted ceilings and tapestries – – – furthermore, the garden is of exquisite beauty, replete with roses and stocks, a prominent lake seperates it from the forest.

Letter to Edv. Collin, dated July 5, 1835 and to Henriette Wullf, dated July 19, 1836.

0002

"Bondehus paa Landet"

"Du har jo været ude paa Landet! Du har set et rigtigt gammelt Bondehuus med Straatag; Mos og Urter vokser der af sig selv; – – –Væggene ere skæve, Vinduerne lave, – – – og Hyldebusken hælder hen over Gærdet, hvor der er en lille Pyt Vand med en And eller Ællinger, lige under det knudrede iletræ."

"Hvad Fatter gør er altid det rigtige."

Farmer's House in the Country

You have been out in the country yourself! You have seen a genuine old farmer's house with its thatched roof and spontaneous growths of moss and herbs; – – – crooked walls, low windows – – – the elderberry bush spilling over the fence where you find a small puddle of water with a duck or ducklings right under the gnarled willow-tree.

"Dad's always right"

Glorup

– – – det er just et Ophold efter min Smag, det er et Slot ganske i italiensk Stil og med en Have, som de engelske Parker. – – – Greven er høist elskværdig, viser mig alt, fører mig som var jeg en Udgave af Thorvaldsen.
– – – hvor deiligt jeg hele Dage kan vandre op og ned af den gamle uendelige Alee, fulgt af mine Tanker, o jeg elsker just det Eensomme, ruller mig saa deiligt in deri, – – –

Brev 26. Juli 1839 til Henriette Collin samt 7. September 1848 til Jette Wulff

"Jeg seer paa de lange Aleer og paa Fiskene der staae stille i Vandbasinet udenfor; et Billede paa Livet her, eensformigt som Aleen, stillestaaende som Fiskene i det søvninddøsende Solskin mellem fedt Græs og blomstrende Buske."

Dagbog 26. Juni 1850

Glorup

– – – quite a stay to suit my tastes, a castle done completely in the Italian style, complete with a garden like the English parks – – – The Count is extremely courteous, showing me everything, guiding me around as if I were a facsimile of Thorvaldsen.
– – – how lovely to be able to meander for days and days up and down the old endless alleyways, accompanied by my thoughts, oh how I love the solitude, wrapping myself so beautifully in it – – –

Letter to Henriette Collin, dated July 26, 1839, and to Jette Wulff, dated September 7, 1848.

I see the long alleyways and regard the fish remaining motionless in the water basin outside; a symbol of the life here, monotonous as the alleyway, stagnant as the fish in the soporiferous sunshine between fat grass and blooming bushes.

Diary June 26, 1850.

Egeskov

"Efter Bordet kjørt til Egeskov en smuk Vei." – – – Gaarden opført af røde Mursteen; – – – Massive Steentrapper fører op og ned; Kaminer og gamle Familiemalerier rundt om. – – – I Pontopidans Atlas staaer om Egeskov at her er saa mange Vinduer som Dage i Aaret, saa mange Døre, som Uger, saa mange Skorstene, som Maaneder, saa mange Hjørner, som Aarstider. Haven een af de største og skjønneste i Fyn."

Dagbog 16. August 1842.

Egeskov Castle

Upon leaving the table, drove a beautiful ways to Egeskov – – – The Manor erected from red brick – – – Massive stone staircases leading up and down; fireplaces and old family portraits galore – – – Pontopidan's Guidebook informs that Egeskov can muster as many windows as there are days in the year, as many doors as there are weeks, as many chimneys as there are months, as many corners as there are seasons. The garden is one of the grandest and prettiest on the island of Funen.

Diary August 16, 1842.

Paafugl med udbredt Hale og Paafugl bagfra

"Jeg forstod meget godt hvad den Fugl sang!" sagde Spurveungerne, "der var bare eet Ord, jeg ikke forstod: Hvad er det Skjønne?"
"Der er Ingenting!" sagde Spurvemoderen, "det er bare saadanne et Udseende. Oppe paa Herregaarden, hvor Duerne har deres eget Huus, og hver Dag faae Ærter og Korn strøet i Gaarden, – jeg har spiist med dem og det skal I ogsaa komme til! siig mig, hvem Du omgaaes, saa skal jeg sige Dig, hvem Du er! – – – deroppe paa Herregaarden har de to Fugle med grønne Halse og en Top paa Hovedet; Halen kan brede sig ud, som var den et stort Hjul, og den har alle Couleurer, saa at det gjør ondt i Øinene; Paafugle kaldes de, og de er det Skjønne; de skulde pilles lidt, da saae de ikke anderledes ud, end vi Andre. Jeg havde hugget dem, dersom de ikke havde været saa store!"
"Jeg vil hugge dem!" sagde den mindste Spurveunge og den havde endnu ikke Fjer."

"Nabofamilierne"

Peacock with Unfurled Tailfeathers

"I understood quite well what that bird was singing," said the sparrow's nestlings, "only there was one word I didn't understand: What is Beauty?"
"That's nothing!" said the sparrow mother. "It's just, well, a sort of appearance. Up in the Manor where the doves have a house of their own, and every day are given peas and corn strewn out in the courtyard – I have eaten with them, and so will you! Tell me who your friends are and I'll tell you who you are! Up there in the Manor they've got two birds with green necks and a crest on their heads; the tail unfolds as if it were a great cartwheel with so many colors that they make your eyes hurt. They are called peacocks and they are Beauty; you've only to give them a good pealing and they'd look no different from the rest of us. I had snatched them if they hadn't been so big!" "I'll snatch them!" said the smallest little sparrow – it was not yet feathered.

"The Neighbors"

Hesselagerstenen

"Efter Frokost kjørt ud til den store Steen paa Marken, det var en lang Vei i Solheden at ledsage Grevinden, jeg fik ganske ondt i Armen..."

Dagbog 3. August 1867.

The Hesselager Stone

After lunch we drove out to the great stone in the field, it was a long trip under the heat of the sun while having to accompany the countess, my arm hurt considerably – – –

Diary August 3, 1867.

Hesselagergaard

"Hesselagergaard, ældgammel, saa løierlig kantet Gaard midt i en udtørret Søe, bygget af Cantzler Johan Friis 1570 – – –"

"Friis der lod sin Datter og Ridefogeden indemure i en Pille fordi, hun blev besvangret, Pillen var revet om og der var fundet Menneskebeen i den."

Dagbøger: 17. August 1842 og 6. Juli 1863.

"Hesselagergaard"

The ancient Hesselagergaard, such an awkwardly angular building in the middle of a dried-out lake, built by Chancellor Johan Friis in 1570 – – –

Friis who had his daughter and the bailiff immured in a pillar because she was with child. The pillar was torn down and found to contain human bones – – –

Diaries, entries dated August 17, 1842 and July 6, 1863.

Svendborg, Karnapper

Svendborg eier endnu Præget af Smaabyerne i det forrige Aarhundrede; disse uregelmæssige Bygninger, hvor tidt den øverste Etage rager ud over den underste, (hvilende paa en fritstaaende Bjælke;) Karnapper som spærre Udsigten for Naboen, – – –"

Over flere Porte læses, udskaarne i Træet, Indskrifter deels paa Dansk, deels paa Latin.

"Kun en Spillemand"

Svendborg

Svendborg still has the appearance peculiar to the hamlets of the past century, these irregular houses where often the upper storey extends out over the lower − − − bays that block the neighbor's view, wide landings with accommodating stone or wood benches. Above many entrances you find inscriptions carved into the wood, some in Danish, some in Latin.

The novel "Only a fiddler."

Valdemar Slot. Gule Pavillon

"Paa Herregaardene rundt om, afhentede man mig til Besøg paa
flere Dage og jeg flagrede livsglad paa ubrændte Vinger om Glædes-
blusset."

"Levnedsbog"

Valdemar's Castle, The Yellow Pavillon

I was summoned to the surrounding Manor Houses for visits of
several days' duration, and I fluttered ebulliently on unscorched wings
round the flame of mirth.

Autobiography

Valdemars Slot

"Han saae igjen det gamle Thorseng Slot – – – Det var den største Bygning han havde seet, den var jo større end Svendborgs Kirker – – –"

"op af den høie Trappe, vandrede gjennem de lange Gange og de store Værelser. – – –"

"De mange Portraiter fra gamle Dage, Billeder af hvad Graven havde gjort til Støv, skuede ned paa ham. Ved hvert Stykke knyttede sig Historier eller Sagn, der give slige gamle Billeder en Belysning fuld af Virkning – – –"

"Kun en Spillemand"

Valdemar's Castle

He saw again the ancient Thorseng Castle – – – It was the largest building he had seen. Why, it was even bigger than the churches of Svendborg – – – having climbed the towering staircase, he wandered through the extensive galleries and spacious halls – – – The numerous portraits from days of old that depicted what graveyards had turned to dust peering down at him. To each a story or legend was attached, shedding a very effective light on such old pictures – – –

"Only a Fiddler"

Vejrmølle

"Der stod paa Bakken en Veirmølle, stolt at se paa, og stolt følte den sig;"
– – – jeg er et tænkende Væsen og saa velskabt, at det er en Fornøielse. – – – Jeg er en Hollænder af Fødsel, det kan man see paa min Skabelon; en flyvende Hollænder; den regnes til det overnaturlige, veed jeg, og dog er jeg meget naturlig. Jeg har Galleri om Maven og Beboelsesleilighed i Nederdelen; – – –

"Vejrmøllen"

Windmill

On the hill stood a windmill, a proud sight, and it felt proud, too – – –" I am a being that thinks and my shapeliness is a true pleasure – – – I am Dutch by birth, my outline proves it; a flying Dutchman, I realize that is thought of as a supernatural thing, and yet I am very natural. I wear a gallery round my belly and have a dwelling in my skirt – – –

"The Windmill"

Landsbyen Vester Skerninge
"Paa Veien herned til Faaborg, gjorte jeg en lille Vesit ind til Provst Bresdorf – – –"

Brev 9. August 1830 til Edv. Collin.

Village of Vester Skerninge
On my way down here to Faaborg I broke the journey and paid Dean Bresdorf a brief visit – – –

Letter to Edv. Collin August 9, 1830.

Voigts Gaard, Faaborg

"Jeg kom paa min Reise til en af de mindste Byer, i et rigt Huus. – – –"

"Om Morgenen pyntede jeg mig til Besøget, og gik temmelig tidlig hen til den anseelige Gaard, jeg vidste at man var noget spændt paa at see mig; især den Ældste Datter, – – –"

"Mit eget Eventyr uden Digtning" samt "Levnedsbogen"

Voigts Gaard

"Her opgik saa pludselig, saa heftigt en ny Verden for mig, saa stor og dog rummes den i fire Linjer, jeg da skrev:

To brune Øine jeg nylig saae,
I dem mit Hjem og min Verden laae.
Der flammede Snillet og Barnets Fred, –
Jeg glemmer det aldrig i Evighed."

"Mit eget Eventyr uden Digtning"

Voigt's Merchants House at Faaborg

My journey brought me to one of the smallest hamlets and a wealthy house − − −

In the morning I dressed up to go calling and went rather early to the affluent merchant's house, knowing I was somewhat eagerly anticipated, particularly by the eldest daughter − − −" So powerfully did a new world suddenly dawn upon me here, so great and yet to be contained in four lines as I wrote:

Two hazel eyes I did see of late
In them lay my home and my world
Intelligence and the child's restfulness burning there
Never, ever will I forget.

Autobiographies

Faaborg, Holkegade

"De kan tro, at det ret er en venlig lille By, Faaborg, og det lader til, at her hersker en meget god Tone."
– – – Damerne her i Byen ere de vakreste jeg endnu har truffet paa, endogsaa i Jylland.

Breve til Edv. Collin 9. August og 18. August 1830

Faaborg, Klokketaarnet

– – – saa stod Faaborg for mig, med alle gamle Bekjendter, og mens jeg var nær ved at faae Vand i Øinene over den Verdens Pragt, tænkte jeg ufrivilligt paa Taarnet i Faaborg – – –

"Kun en Spillemand"

Faaborg, the Street Holkegade

Rest assured, this is a right friendly little town, Faaborg, and a very courteous tone seems to prevail here.
– – – the ladies of this town are the prettiest I have yet encountered, even counting Jutland.

Letters to Edv. Collin dated August 9, and 18, 1830

The Bell Tower in Faaborg

– – – Then I saw Faaborg before me, with all my old acquaintances, my eyes nearly watering at the splendor of that remote world, I could not but think of the tower of Faaborg – – –

"Only a Fiddler"

Faldefærdigt Bondehus

"Mod Aften naaede den (Den grimme Ælling) et fattigt lille Bondehus; det var saa elendigt, at det ikke vidste, til hvad Side det vilde falde, og saa blev det staaende."

"Den grimme Ælling"

Decrepit Farmer's House

As the evening approached, it (i.e. The Ugly Duckling) reached a poor little farmer's house; it was so ramshackle it didn't know which side to fall on, so it kept standing – – –

"The Ugly Duckling"

Vandmøllehjul

"Veien førte forbi Skraaninger, hvor man saae ind igjennem Toppene af gamle, høie Bøge, ned i store Mølledamme;Vandmøllen laae saa dybt, at Røgen, der blaalig steg fra Skorstenen, havde en lang Strækning at løfte sig forbi den høitliggende, mørke Skovgrund bag ved."
"Vi see Møllehjulene dreie sig,Vandet styrter over det største Hjul; – – –"

"De to Baronesser" og "Kun en Spillemand"

Wheels of a Water Mill

The road led along sloped hillsides where you could see through the treetops, old, towering beechtrees, down into big mill-ponds; the water mill was situated so far below that the blue smoke lifting from the chimney had a long stretch to pass the high, dark forest grounds behind it.
– – –We can see the wheels of the mill turning, the water splashing over the greatest wheel – – –

The novels "The Two Baronesses" and "Only a Fiddler"

"Grenen"

"Vi gik ud paa Grenens yderste Rand, der runder sig med en lille Svip Sandpynt mod Øst, ikke større end at kun eet Menneske kunde staae der og prøve, at Bølgerne fra Nordsøen slog hen over den ene Fod, og Bølgerne fra Kattegattet slog hen over den anden, man saa tydeligt de to Vande mødes; Nordsøen havde stærkest Kraft. – – –"

H.C. Andersens Rejseskitse "Skagen"

"To have mødes"

"Østersø og Nordhavs Vand
favnes over Skagens Sand."

fra: "Jylland mellem tvende Have"

"Grenen", the Tip of Jutland

We followed the beach to the outermost stretch of "Grenen", which is rounded with a little tip of sand reaching eastward, no bigger than as to allow but one person to stand and experience the waves from the North Sea washing over one foot, as the waves from the Kattegat wash over the other, you could clearly see the meeting of the two waters, the North Sea being the stronger force – – –

From the travelogue "Skagen"

Meeting of Two Seas

Baltic of the East, Sea of the North
Embracing over the sands of Skagen.

From the Lyrics to "Jutland Between Twain Waters"

"Fuglenes Rige"

"Havstokken frembyder Skuet af Millioner Maager, Terner og Vildgæs, der, idet vi nærme os, flyve vildtskrigende iVejret; deres Mængde tage til, det er som kom man ind i Fuglenes Rige – – –"

Reiseskitse "Skagen" 1859

The Realm of the Birds

The beaches extend to afford the spectacle of millions of sea gulls, terns and wild geese, who, as we approach, burst into the sky wildly screeching, their multitudes increasing, it is as if one had entered the Realm of the Birds – – –

"Skagen" 1859

Skagens Vippefyr

"En Morgenstund gik Kjøbmand Brønne ud til Fyrtaarnet, der ligger langt fra Gammel Skagen nær ved "Grenen", Kullene paa Vippepanden deroppe havde længe været slukket, – – –"

"En Historie fra Klitterne"

Seesaw "Lighthouse" at Skagen

One morning grocer Brønne went out to the lighthouse, which is situated far from Old Skagen, close to the actual sand tip, the coals on the seesaw up there had long been extinguished.

"A story from the Dunes"

Skibsnavne fra Vragstumper

"Vragstumper ere benyttede til Bygning og Brug, Skibsgallioner og Indskrifter i forskellige Tungemaal prange over Porte og Døre – – –"

"En Historie fra Klitterne"

Inscriptions From Shipwrecks

Fragments from shipwrecks are used for building and other purposes, figureheads and inscriptions in various languages adorn gates and doorways.

"A story from the Dunes"

Sorttjæret Hus med Straatag

"her ligger et Huus halvt skjult af en Sandklit, derover et andet, mørke tjærede Træbygninger med Straatag; – – – her løfter sig et Plankeværk, Sandet er nær ved at faa det under sig; paa Snore i lange lige Rækker, den ene over den anden, hang opskaarne Fisk for at tørres i Vinden."

Rejseskitse "Skagen" og "En Historie fra Klitterne"

Tarred House with Thatched Roof

Here lies a house half hidden by a sand dune, over there yet another; dark tarred wooden buildings with thatched roofs – – – here a wooden fence is erected, nearly suppressed by the sand – – – suspended in long, even rows upon rows hang gutted fish drying in the wind.

Travelogue "Skagen" and "A story from the Dunes"

Skagens tilsandede Kirke

– – – Sandet lagde sig om Kirkegaardens Muur og snart over den og over Grave og Liigsteene heelt op mod Kirkens Vægge og Vinduer; – – – en Søndag kom Sognefolkene og Præsten, en mægtig Sandmile havde lagt sig for Kirkedøren, Præsten læste da en kort Bøn og sagde: "Vor Herre har nu lukket her dette sit Huus, vi maa reise ham et nyt andetsteds – – –"

Rejseskitse "Skagen"

Sand-Covered Church at Skagen

– – – the sand collected around the wall enclosing the graveyard, soon rose above it, over graves and tombstones, climbing all the way up to walls and windows of the church itself – – – one Sunday the parishioners and the preacher discovered that a large pile of sand had blocked the entrance to the church. The preacher proceeded to read a short prayer and said: "It has now pleased the Lord to close this house, we must build Him another elsewhere" – – –

Travelogue "Skagen", 1859

Rubjerg Klitter, Sandstorm

– – – Vi kjørte efter Frokost ud til Rubjerg Klitter – – – nogle Klitter vare med Leerjord, – – – andre vare næsten det nøgne hvide Sand, Vinden tog fat et Sted og Sandet stod i Veiret, – – – Søen susede, – – – "Smaa skarpe Sten pidskede i Ansigtet, – – – Fødderne sank dybt i det fine bløde Sand og Sporet forsvandt, – – – hvert Vindstød var stærkt nok til at brydes med os, og man kunde ikke holde Øinene aabne; Klitterne røg, som var der Ild i dem, saaledes løftede Vinden det fine Sand."

Dagbog 3. og 9. August 1859

Sandstorm, the Dunes at Rubjerg

– – – following lunch we drove out to the Dunes at Rubjerg – – – some of the dunes had traces of clay – – – others consisted almost exclusively of naked, white sand, the wind took hold someplace and the sand filled the air – – – the ocean roaring – – –
Small sharp pebbles whipped in our faces – – – our feet sank deep into the fine soft sand, and footprints vanished – – – each gust of wind had the strength to topple you, and you could not keep your eyes open; the dunes exhaled smoke as if they were on fire when the wind lifted the fine sand.

Diary August 3, and 9, 1859

Raabjerg Mile

"Vi kjørte op mellem Klitter og Miler, de see ud som Høie og Dale ved Vintertid – – –"
– – – det var flere Steder som i Africas Ørken, kun det hvide, dybe, fine Sand, Solen brændte, mit Blod brændte, mile vidt var ikke en Bolig, jeg tænkte tit paa her er ingen Hjælp naar jeg nu segner – – –"

Romanen "O.T." og Rejseskitse "Skagen" til Delbancos Folkekalender for Danmark 1860.

Dunscape at Raabjerg

We drove up between dunes and heaps of sand, resembling hills and dales at wintertime – – –
– – – several places were reminiscent of the deserts of Africa, nothing but the white, deep, fine sand, the sun burning, my blood burning, no dwelling for miles, often I thought here will be no help when I presently collapse – – –

The novel "O.T." and "Skagen" Travelogue in the Delbanco people's Almanac of 1860.

Fiskerbaade paa Stranden, Løkken

– – –VInden tudede, Søen rullede, Sandet fygede og hvert Secund skyllede Bølgerne op om de store Baade der vare dragne op paa Sandet og skyllede saa i selvgravede Leier tilbage igjen. De unge Mennesker løb med Barebeen ud i Brændingen, Damerne arbeidede sig op til Klitterne, jeg stod i Frakke og Kappe ved den aabne Strand. – – –

Dagbog 9. August 1859

Fishing Boats on The Beach, Løkken

– – – The wind howled, the sea billowed, the sand drifted, and every second waves licked up around the large vessels that were dragged up on the shore, then washed back again into self-dug puddles. The youngsters ran bare-legged into the breakers, the ladies worked their way up to the dunes, I stood in my coat and cape by the open shore – – –

Diary August 9, 1859

Liver Aa's Udløb i Vesterhavet

– – – vester paa, hvor store Aaløb falde i Fjordene, breder sig Eng og Mose, begrænset af høie Klitter der, liig en Alpekjæde med savformede Toppe, løfte sig mod Havet, – – –

"En Historie fra Klitterne"

Liver Stream Mouthing Out Into the North Sea

– – – westward where substantial streams wash into the fjords, meadow and moor prosper, bordering on tall dunes which, like a row of alps with jagged peaks, confront the sea – – –

"A story from the Dunes"

Børglum Kloster "ind ad Porten"

Nu er vi deroppe, nu ramle vi ind mellem Lo og Lade og svinge om, ind ad Porten til den gamle Borggaard, hvor Lindetræerne staae i Række langs Muren; der have de Ly for Vind og Veir, derfor gro de, saa Grenene næsten skjule Vinduerne."

"En Historie fra Klitterne"

Through the Gate at Børglum Convent

Now we are up there, clattering past stile and barn, through the gate to the old stronghold, where the lime trees congregate close to the wall, finding shelter from all kinds of weather there and consequently prospering so that their branches nearly hide the windows.

"A story from the Dunes"

Børglum Kloster

"Nu ere vi oppe i Jylland, helt oven for Vildmosen; – – – foran os løfter sig en stor Sandhøide, den har vi længe seet, og vi kjøre endnu hen imod den langsommelig kjøre vi i det dybe Sand. Oppe paa Sandhøiden ligger en stor, gammel Gaard, det er Børglum Kloster – – –"

"En Historie fra Klitterne"

The Convent at Børglum

"Now we are in upper Jutland, way above the Wild Moor – – – in front of us a vast ridge of sand emerges, we have seen it for some time and are still approaching it, making slow progress in the deep sand. Atop the hill of sand lies a big old building, this building is the Convent of Børglum.

"A story from the Dunes"

H.C. Andersens Seng, Børglum Kloster

– – – Jeg fik et godt værelse, hvor Biskop Kirkegaard har ligget og set Spøgelser, en Skare Kaniker.

Dagbog 30. Juli 1859

Hans Christian Andersen's Canopy Bed

I was given a good room where Bishop Kirkegaard once lay and saw ghosts, a throng of monks.

Diary July 30, 1859

Aalborghus

"Ud paa Dagen naaede jeg Aalborg. – – – Min Ven fra Studentertiden, Kammerherre Dahlstrøm, – – – førte mig til sit Hjem, det gamle Aalborghus."
"Spadseret her i Haven, der er anlagt paa Terrasser; – – –"

"Mit Livs Eventyr" og Dagbog 24. Juli 1859

note: "Stiftamtmandboligen, hvor Andersen boede, er det gamle Aalborghus fra 16. århundrede. Haven er anlagt på de gamle Volde."

"Aalborghus"

Towards the end of the day I reached Aalborg – – – My schoolday friend, the Hon. Dahlstrøm, Esq. – – – conducted me to his home, the old Aalborghus.
Walked here in the garden which is layed out in terraces – – –

Autobiography and diary July 24, 1859

note: The Prefect's residence where Andersen stayed is the old Aalborghus dating from the 16. century. The garden is arranged on the old ramparts.

Rørhytten

– – – vi gik ned i Haven der er et heelt Elverkrat, gammelt, som det ikke var luftet ud, ingen Solstraale ingen Vindstød, skimlet Vand paa Graven, –
– – Rørhytter der vare med Spindelvæv og gaaet fra hinanden i Sammenbindingen; – – –

Dagbog 6. Juli 1859

Cottages Made of Reed

– – – when we went down into the garden, we found a complete Elf-Thicket, old, as if it hadn't been properly aired, no ray of sunlight, no breezes, the water of the moat coated with dapple-grey – – – Cottages made of reed knitted with cobwebs and in disarray altogether – – –

Diary July 6, 1859

Nørre Vosborg

– – – det er Nørre Vosborg ... Gaarden med dens dobbelte Grave, Træer og Buske, Volden overgroet med Bregner, løftede sig derinde! men deiligst var de høie Lindetræer, de naaede lige op til Tagryggen og fyldte Luften med den sødeste Duft – – –

– – – Da vi kom til Nørre Vosborg flagede Danebrog, hele Familien stod paa Altanen og siden nede i Døren – – –. I Kapellet sover jeg, der spøger den hvide Dame.

"En Historie fra Klitterne" og Dagbog 5. Juli 1859

Nørre Vosborg

– – – Nørre Vosborg it is called – – – the Manor with its twin moats, trees and bushes, the ramparts overgrown with fern – all could be found in there! Most endearing of all were the tall lime trees reaching to the very top of the roof and sweetly perfuming the air.

– – – When we came to Nørre Vosborg the flag of Dannebrog was weaving, the entire family assembled on the terrace and then again in the entrance – – – I sleep in the chapel which is haunted by the White Lady.

"A story from the Dunes" and diary July 5, 1859

Kystlandskab ved Bovbjerg

"Bovbjerg strækker sig vist en halv Miil, Vandet har ædt ind, som man med store stærke Tænder kan bide ind i et Smørrebrød, Gruus, Leer og Mergel er Bestanddelene; − − − Jordskorpen var flere Steder revnet, noget sjunket, Alt truede med at falde og vil falde. Damerne steeg ned til Stranden, men der var langt til Opkjørsel Stedet og saa blev jeg oppe − − −"

Dagbog 21. Juli 1859

Coastal Landscape at Bovbjerg

Bovbjerg extends, I believe, for half a mile, the water has gnawed into it, the way you might take a bite of a sandwich with big strong teeth, gravel, clay and marl are the composites − − − The crust of the earth was cracked several places, somewhat subsided. Everything threatened to fall, and will fall. The ladies descended to the beach, but it was a long walk to the driveway so I remained above − − −

Diary July 21, 1859

Kampestenskirke uden Taarn

– – – Kirkeklokkernes Lyd naaede hinanden langs Nissum Fiord, Kirkerne dér staar som hugne Kampesteen, hver af dem er et Stykke Fjeld; Vesterhavet kunde rulle over dem, og de skulde staa; paa de fleste mangler Taarnet, Klokkerne hænger da frit ude mellem to Bjælker.

"En Historie fra Klitterne"

Towerless Granite Church

The sounds from the church bells reached each other all along the Nissum Stream, churches standing like chiseled boulders, each one in itself a piece of rock, the North Sea might roll over them and they would still stand; most lack a tower, in which case the bells hangs freely between two girders.

"A story from the Dunes"

Hytte og tjærede Fiskenet

– – – paa Jyllands Vestkyst har man inde i Klitterne oprejst Hytter, tømret af Vrag og belagt med Hedetørv og med Lyngtag, – – – og her sover, bygger og bor i den tidlige Foraarstid Fiskerfolket ...

"En Historie fra Klitterne"

Cottage and Tarred Fish-Nets

– – – on the West Coast of Jutland, amongst the dunes, cottages have been built out of flotsam and coated with peat and layers of heath – – – and here the fishing folk build, sleep and live in early spring – – –

"A story from the Dunes"

Stor Klitgaard

"Kjørt ud til forskjellige Bøndergaarde, de var store og velindrettede, prægtige Folk." – – –"Der var Sang og der var Læsning, der var Velstand til huse, Familieliv lige ned til Husdyrene, og alt godt holdt; Tinrækken skinnede med skurede Tallerkner, og under Loftet hang Pølser og Skinker, Vintervarer fuldt op; – – –"
"Gæstfrihed er der som i Araberens Telt."

Dagbog 9. Juli 1859 og "En Historie fra Klitterne"

Large Farm House

Drove out to different farm houses, they were large and amply furnished, marvelous folk – – – There was singing, and readings, all were well off, family life all the way down to the livestock, and everything magnificently maintained; cupboards gleaming with polished dishes, and under the roof hung ham and sausages, replenishments for the oncoming winter – – –
– – – hospitality to match the Arab's tent.

Diary July 9, 1859 and "A story from the Dunes"

Gravhøj (Porskær Runddysse)

"Paa Heden og Markerne rundt om Gravhøie, en heel Kirkegaard, men de pløies bort, Bonden graver dem ud til Faarestald og til at gjemme Kartofler i."

Dagbog 26. Maj 1850

Burial Mound

On the heath and in the fields lay an occasional burial mound, together they made up a complete cemetery, but they are plown away, the farmer digs them out to make way for a sheep-shed or to store potatoes in.

Diary May 26, 1850

Vej mellem Hede og Plantage

"Efter Frokost kjørte vi en smuk Tour – – –; mellem høie Hedebanker hvor Lyngen blomstrede, som et rigt Tæppe spættet med grønt af Enebær og Bøgebuske." – – –

"vi kjørte som det syntes meer og meer nedad, fik Skov paa Siderne – – –"

Dagbog 16. August 1859 og 4. Juni 1850

Road Between Heath and Plantation

After lunch we went for a beautiful drive – – – between high moorhills blooming with heather, like a rich carpet with intermittent spots of green juniper and bushes of beech – – – we seemed increasingly to be heading downwards, the trees of the forest appearing on our sides – – –

Diary August 16, 1859 and June 4, 1850

Heden

"Udstrakt og stor laa Heden, men som et kosteligt Tæppe; Lyngen stod i Blomster, de cypresgrønne Enebærbuske og friske Egeskud kom som Buketter frem i Hedens Lyng; her var saa indbydende til at boltre sig, var kun ikke de mange giftige Hugorme – – –"

"En Historie fra Klitterne"

The Heath

– – – the heath lay vast and sprawling, like a precious carpet; the moors were abloom, the cypresgreen juniper bushes and fresh oak buds burst forth like nosegays among the heather; the place so invited a frolic had it not been for the many venomous vipers – – –

"A story from the Dunes"

Herregaarden Tjele

"Jeg var paa en gammel Herregaard, der med sin grønne Have hevede sig liig en Oase i Ørkenen." Den danske Historieskriver Ludvig Holberg, der har skrevet saa mange læseværdige Bøger og de morsomme Komedier, – – – fortæller i sine Breve om Marie Grubbe, hvor og hvorledes i Verden han mødte hende; det er nok værd at høre, – – –

"H.C. Andersens Levnedsbog" og "Hønse-Grethes Familie"

Tjele Manor House

I was at an old Manor House, appearing with its green garden like an oasis in the desert – – – The Danish Historian Ludvig Holberg, author of so many highly readable books as well as the amusing comedies – – – relates in his letters about Marie Grubbe, the where and the wherefore of their encounter; that is a story well worth the hearing – – –

Autobiography and "Hen-Grethe's Family"

"Mosekonen som brygger"

– – – Det var ud paa Aftenen; han stod alene i sin Stue, saae ud over Haven, over Eng, Mose og Strand; Maanen skinnede klar, der laae en Damp hen over Engen, som var den en stor Sø, og det havde her engang ogsaa været – – –

Vinduet sprang op af sig selv, en gammel Kone saa ind paa Manden.

"Hvem er hun?" spurgte Manden. "Mosekonen!" sagde hun. "Mosekonen som brygger; – – –"

"Lygtemændene er i Byen"

The Lady of the Bog, Brewing

It was late in the evening; he stood alone in his living room, gazing out over the garden, over moor, bog and beach; the moon shone clearly, the moor was covered with steam, as if it were a big lake, as it had in fact once been – – –

The window flew open all by itself, an old crone looked in at the man.

"Who is she?" the man asked. "The Lady of the Bog!" she said. "The Lady of the Bog, and she's brewing – – –"

"The light-men are in town"

Spejlbillede i Gadekær

"Vandet kom ordentlig i Bevægelse, nylig var det blankt, som et Speilglas, man saa deri hvert Træ, hver Busk tæt ved, og det gamle Bondehus med Hullerne i Gavlen og Svalereden; – – – deri stod det hele, ligesom et Skilderi, men altsammen paa Hovedet; og da Vandet kom i Uro, saa løb det ene i det andet, hele Billedet var væk."

"Nabofamilierne"

Reflection in a Village Pond

The water was quite agitated, it had just been clear as the glass of a mirror, in it you could see every tree, every bush close by, and the old farmer's house with its riddled gable and swallow's nest – – – everything could be found there, like in a painting, but all on its head; and when the water was disturbed, one was mingled with the other, the whole picture disappeared.

"The neighbors"

Frijsenborg

"Jeg kom Mandag-Aften til Frijsenborg, der er blevet en storartet Bygning med Sale som prange i Guld og Farver, Lofterne have maurisk Pragt, Billeder og Basreliefs, Gulvene ere af forskjellige Slags Træ, mosaikartet indlagt. Alt er kongeligt!"

Brev af 29. August 1868 til Fru Thereses Henriques

Frijsenborg

Monday evening I arrived at Frijsenborg, which has become a grand building, its halls incandescent with gold and colors, the ceilings displaying a moorish splendor, pictures and bas-reliefs, the floors laid mosaic-like with different kinds of wood. All is royal!

Letter to Mrs. Therese Henriques August 29, 1868

Frijsenborg Slot

"Frijsenborg ligger i en storartet Skovnatur; Familien er meget elskværdig og opmærksom mod mig, jeg har det som et Grevebarn."

Brev af 12. Juli 1863 til Fru Thereses Henriques

The Castle of Frijsenborg

Frijsenborg is situated amid marvelous natural forest surroundings; the family is very kind and attentive towards me, I feel like a noble child.

Letter to Mrs. Therese Henriques, dated July 12, 1863

Himmelbjerget

"Jeg har besøgt Himmelbjerg, det er ikke stort i Udstrækning og egentlig en Fortsættelse af Aasen, men Udsigten over Skove, Søer, Lyngbakker og Marker er høist malerisk;

Fra Brev 16. Juli 1850 til Henriette Wullf

Sky Mountain

I have visited Sky Mountain, it is not of exceptional magnitude, it is, in fact, only an extension of the ridge, but the view of woods, lakes, moor-hills and fields is highly picturesque – – –

Letter to Henriette Wulff, dated June 16, 1850

"Hjejlen" paa Gudenaaen

"Paa Søen bevægede sig en sort Røgsøile, det var et lille Dampskib, der med vaiende Dannebrogsflag kom ad Gudenaaen – – – det kom som en Cultur-Raket i det urgamle Landskab; jeg laae i den høie blomstrende Lyng og skrev dette lille Digt derom:

"Det var, som om Fultons Baad vi saae,
Da Dampprammen kom op ad Gudenaa,

"At være eller ikke være" og Brev til Heriette Wulff, Silkeborg 23. August 1853

"The Golden Plover", Lake Gudenaaen

On the lake a black column of smoke was moving, it was a little steam-vessel proceeding along the Gudenaaen waving the flag of Dannebrog – – – it came like a cultural rocket in the ancient landscape; as I lay surrounded by tall, blooming heather I wrote this little poem about it:

"It was if we saw Fulton's ship
When the steamer came up the lake

"To be or not to be" and letter to Henriette Wulff, Silkeborg August 23, 1853

Gudenaaen, "Skovøer"

Prammanden og hans Medhjælper stagede sig frem, det gik med Strømmen, i rask Fart ned ad Aaen, gjennem Søerne, der synes at lukke sig ved Skov og ved Siv, men altid var der dog Gjennemfart – – –; gamle Elletræer, som Strømmen havde løsnet fra Skrænten, holdt sig med Rødderne fast ved Bunden og saae ud ligesom smaa Skovøer."

"Ib og lille Christine"

Lake Gudenaaen, "Forest Islands"

The barge-man and his assistant punted against the current, making rapid progress up the stream, past the lakes that seemed to occlude with forest and reeds, yet a passage was always to be found – – – old alder-trees, torn lose from the banks by the current, held on to the bottom with their roots and looked like tiny forest islands.

"Ib and little Christine"

Runesten (Jellingestenene)

"Til Middag kom en Fuldmægtig Petersen fra Kjøbenhavn der hjælper Grevinden med gamle Manuskripter, han reiser igjen i Morgen og vilde see en Runesteen, der ligger nede ved den gamle ... Indgang til Kirken – – –"

Dagbog 24. Juni 1865

Runic Stone

To dinner came a head clerk from Copenhagen by the name of Petersen who helps out the Countess with old manuscripts, he will depart again tomorrow and wanted to see a runic stone situated down by the old church entrance – – –

Diary June 24, 1865

Koldinghus

"Colding Slot er en deilig stor Ruin, men det er lidt farligt at klatre om derinde, da det seer ud som det vil styrte ind – – – vovede mig lidt ind i den saa kaldte "Kong Albrechts Kjælder" hvor ogsaa Skipper Clemens siges at have siddet.
– – – Politimesteren – – – var meget imod at Slotts-Ruinerne skulde rives ned, som der skal være bestemt, – – – thi staae kan de nok et 100 Aar endnu, og de er dog den smukkeste Prydelse for Byen."

Brev 23. Juni 1830 til Edv. Collin

Colding Castle

Colding Castle is a wonderful, big ruin, though it is a bit dangerous to climb about in there, as everything seems about to collapse – – – I ventured briefly into the so-called "Cellar of King Albrecht" where Skipper Clemens is also said to have been incarcerated.
– – –The Chief of Police – – – was adamantly opposed to the tearing down of the castle ruins, as it is rumored to be planned – – – since they should be able to stand for another century, and they are, after all, the town's main adornment.

Letter to Edv. Collin dated June 23, 1830

Ribe Domkirke

"De maa jo perfect kunde de gamle og de nye Sprog – Gaae De op til Examen, De er istand til at ende som Bisp i Ribe."
"Ædle unge Mand!" udbrød Ahasverus, "De har et følsomt Hjerte, men Bisp i Ribe – – –" han taug, stirrede mørk hen for sig, men græde kunde han ikke.

"Fodreise fra Holmens Kanal til Sydspidsen af Amager"

Ribe Cathedral

"Why, you are master of the ancient as well as the modern languages – Go to the examination, and you could end up as Bishop of Ribe."
"Most noble young man!" exclaimed Ahasverus, "you have a sensitive heart, but Bishop of Ribe – – –" He fell silent, his dark eyes brooding, but he was unable to cry.

"A trip to Amager on foot"

Mandø Ebbevej

"I Ebbetiden gaar Havet ganske bort – – –; da kjører man fra den ene Ø til den anden; men Tiden maa vel iagttages; thi kommer Floden, da er de kjørende uden Redning fortabte; faa Minutter kun, og hvor der var tørt Land kan de største Skibe seile."

"Mit eget Eventyr uden Digtning"

The "Ebb Road" at Mandø

At ebb-tide the sea withdraws completely – – – then you can ride from one island to the other; but you must be watchful of the time; for if flood comes the voyagers are lost beyond saving; only a few minutes and the largest ships may sail where dry land was before.

Autobiography

Kommandørgaarden, Interiør

"Stuen med GlaceredeVægge, grøn maledeVinduer og mange Skabe iVæggene; paa Kakkelovnen et løst Mæssing Gjemme til at stille Kaffekjædlen under og til at pynte." – – – Sengen er som et Skab og indvendig med flættede Matter. – – –

Dagbog 4. September 1844. Skrevet paa Øen Føhr

Commander's House, Interior

The drawing room with glazed walls, windows painted green and many built-in cupboards; on the stove, a loose brass compartment for putting the coffee pot under and for decorative purposes – – – The bed is like a cupboard with weaved mats on the inside – – –

Diary September 4, 1844 (written on the island Fahr)

Kommandørgaarden på Rømø

"Kommandør kaldes den som fører herfra Skibe til Grønland, Holland, og – – –"
– – – Husene vare alle murede med brændte Steen, men bemossede; alle Farver maatte være paa en Malers Palet, skulle han male disse;

Dagbog (fra Øen Føhr) 4. September og 29. August 1844

Commander's House at Rømø

Commander is the title of the man in charge of ships plying between here and Greenland, Holland, etc. – – –
– – – the houses were all of brick, but moss-covered; a painter would need all the colors of his palette, should he aspire to paint these – – –

Diary (from the island of Fahr) September 4, and August 29, 1844

Graasten Slot

"Den hertugelige Familie af Augustenborg opholdt sig paa Jagtslottet Gravensteen; man vidste mit Komme − − − Egnene herom hører til de mest maleriske; store Skove, bjergagtige Højder og altid Afveksling med den bugtede salte Fjord og de mange stille Ferskvandssøer. − Selv Efteraarets svævende Taager gav Landskabet noget mere end malerisk, − − − Der var smukt ude, der var velsignet inde!"

"Mit Livs Eventyr uden Digtning"

The Castle of Graasten

The Ducal family of Augustenborg was residing at the hunting castle of Graasten; they were advised of my impending arrival − − −The surroundings are among the most picturesque; vast forests, mountain-like ridges and always variations what with the meandering, salt inlet and the many still freshwater lakes − Even the hovering mists of autumn imbued the landscape with something more than picturesque − − − It was beautiful outside, blessed inside!

Autobiography

Sønderborg Slot

– – – til Høire laa den aabne Østersø, til Venstre Øen Als med Sønderborg, hvis rødtagede Huse og Veirmøller løftede sig bag det skumle Slot, hvor Danmarks Konge Christian den Anden havde lidt og levet i Taarnet atten lange Aar.

"De to Baronesser"

Sønderborg Castle

– – – on your right hand lay the open Baltic Sea, on your left the island of Als with the city of Sønderborg, whose red-roofed houses and windmills rose behind the brooding castle, where King Christian the Second of Denmark lived and suffered through eighteen long years in the tower.

"The two Baronesses"

"Om Aartusinder"

"Ja, om Aartusinder kommer de paa Dampens Vinger igjennem Luften hen over Verdenshavet! Amerikas unge Beboere gjeste det gamle Europa."–
– –
Luftskibet kommer; det er overfyldt med Reisende, thi Farten er hurtigere end tilsøes; Den electromagnetiske Traad under Verdenshavet har allerede telegrapheret, hvor stor Luftkaravanen er – – –
"I Europa er Meget af see!" siger den unge Amerikaner; "og vi have seet det i otte Dage, og det lader sig gjøre, som den store Reisende" – et Navn nævnes, der hører til deres Samtid – "har viist i sit berømte Værk, "Europa seet i otte Dage."

"Om Aartusinder" (udgivet 1852)

A Jumbo Touches Down in Copenhagen

Yes, millenniums from now they will be coming on the wings of steam, crossing the ocean by air! The young inhabitants of America visiting old Europe – – –
The air ship arrives; it is packed with travellers, for the speed is greater than over the seas – – – a telegraphic message has arrived stating the size of this aerial caravan – – –
"In Europe there's much to see!" exclaims the young American. "And we've seen it in eight days – it can be done, just as the great traveller – here a name of one of their contemporaries is uttered – has shown in his famed book "Europe Seen in Eight Days".

"A Thousand Years Hence" (Published 1852)

To smaa Piger

"Jeg saae et Par nette Smaapiger, dem spurgte jeg om de kjendte Andersen, men de kjendte hverken ham eller hans Eventyr."

Brev fra Glorup 24. Juni 1863 til Henriette Collin

Two Little Girls

I saw a pair of dainty little girls, asked them if they had heard of Andersen, but they knew neither him nor his fairy tales.

Letter sent from Glorup to Henriette Collin June 24, 1863